Jan Lüder Jürgens

DER VERLORENE KAMPF EINES SEERÄUBERS IN FRIESLAND

durch Klimawandel, Landgewinnung und politische Veränderungen

Jan Lüder Jürgens

DER VERLORENE KAMPF EINES SEERÄUBERS IN FRIESLAND

durch Klimawandel, Landgewinnung und politische Veränderungen

Königshausen & Neumann

Bibliografische Information der Deutschen Nationalbibliothek

Die Deutsche Nationalbibliothek verzeichnet diese Publikation in der Deutschen Nationalbibliografie; detaillierte bibliografische Daten sind im Internet über http://dnb.d-nb.de abrufbar.

Verlag Königshausen & Neumann GmbH
Leistenstraße 7
D-97082 Würzburg
info@koenigshausen-neumann.de

Umschlag: skh-softics / coverart
Grafik: Pia Vogel, Sugenheim, www.pia-vogel.eu
Umschlagabbildung: S. 122–123: Landesamt für Geoinformation u. Landvermessung Niedersachsen
© Originalhandriss ca. 1842

Druck: docupoint, Magdeburg
Printed in Germany

ISBN 978-3-8260-9446-0
eISBN 978-3-8260-9447-7

www.koenigshausen-neumann.de
www.ebook.de
www.buchhandel.de
www.buchkatalog.de

VORWORT

Mag sein, dass das Wissen um den Seeräuber, der vor fast 600 Jahren in Tengshausen gelebt hat, seit meiner frühesten Kindheit so prägend für mich gewesen ist, dass ich ihn nie vergessen konnte. Tatsächlich habe ich immer wieder darüber nachgedacht, wie wohl das Leben für den Kaperfahrer Junge Dure auf einer Burg mitten im Watt, von Salzwasser umgeben, damals ausgesehen haben mag. Wie anders als heute muss das Watt damals beschaffen gewesen sein, weil es für ordentliche Schiffe, die für Kaperfahrten taugen mussten, schiffbar gewesen sein muss. Welche maritime Bedeutung ist zu damaliger Zeit der noch existierenden Harlebucht für den Küstenabschnitt zwischen Tengshausen und Schillig beizumessen.

Vor allem aber erschien mir eine Bestrafung des Garlich Diuren, dem Sohn des Junge Dure, durch Fräulein Maria von Jever, wegen seiner Ostfriesenfreundlichkeit immer etwas seltsam. Diese Skepsis fand durch mein Studium der Friesischen Geschichte, diverser damaliger Begleitumstände in Verbindung mit einer Reihe bislang nicht veröffentlichter urkundlicher Quellen so viel Nahrung, dass schlussendlich dieses Buch mit zum Teil völlig neuen Bewertungen der Zeit um Junge Dure und dessen Sohn Garlich Diuren im ausgehenden Mittelalter mit Übergang in die Neuzeit entstehen konnte.

Jan Jürgens, im April 2025

INHALT

Lüder Jürgens, der Vater von Georg Heinrich Bernhard. Nach ihm bin ich mit Zweitnamen benannt.

Georg Heinrich Bernhard Jürgens kaufte 1806 das Landgut Tengshausen, das bis heute im Besit[z] meiner Familie ist.

Mein Großvater Georg Johann Jürgens

Der geheime Hofrat Paul Heinrich Gerhard Möhring, Schwiegervater meines 3 x Ur-Großvaters

EINFÜHRUNG

„Der verlorene Kampf eines Seeräubers in Friesland“, so der Titel meines Buches. Es handelt von menschlichen Schicksalen, Neid und Missgunst; von Kriegen und unbedingtem Freiheitsdenken, von Klimawandel und Naturkatastrophen. Es erzählt aber auch von der Fähigkeit der Bewohner Frieslands, sich immer wieder verändernten Lebensbedingungen anzupassen. Mit Entdeckungen und Erfindungen erhielten, beziehungsweise erweiterten die Siedler ihren Lebensraum im nördlichsten Zipfel Frieslands.

Unsere Geschichte spielt rund um den im Wangerland/Landkreis Friesland in Niedersachsen gelegenen Warfenhof Tengshausen. Mein 3 x Ur-Großvater Georg Heinrich Bernhard Jürgens (1771–1846) war Sohn des Justiz- und Konsistorialrates Lüder Jürgens (dem damals allgemein Wagemut und Civilcourage nachgesagt wurde), lebte als Advokat in Jever, wurde Bürgermeister dieser Stadt und widmete sich am Ende seines Lebens nur noch der Algenforschung. Seine Mutter war die Tochter des bekannten jeveraner Arztes, Botanikers, Ornithologen und geheimen Hofrates Paul Heinrich Gerhard Möhring (1710–1792). Er gehörte einem internationalen Gelehrtenkreis an, der bis nach Petersburg reichte. Jener Georg Heinrich Bernhard Jürgens kaufte 1806 das Landgut Tengshausen aus einer innerfamiliären Erbengemeinschaft heraus mit mehreren unmündigen und unversorgten Mitgliedern. Almuth Salomon[1] hat nachgewiesen, dass 1522 als erster Eigentümer Tengshausens ein Hemme to Taydingeshusen genannt wird. Der Landsitz ist bis auf eine kurze Ausnahme (von 1739 bis 1756) in Familienbesitz geblieben, dabei zweimal über die weibliche Linie vererbt, und wird seit 1806 bis heute mit dem Namen Jürgens weitestgehend als Pachthof geführt.

1 Almuth Salomon (1932–2018) war eine deutsche Historikerin. Als wissenschaftliche Autorin befasste sie sich vor allem mit der friesischen Geschichte.

Viele Ferien verbrachte ich in Tengshausen und half fleißig auf dem Hof mit.

Mein Großvater Georg Johann Jürgens (1870–1966) legte in Jever sein Abitur ab, wurde Professor für Medizin in Berlin, Seuchenspezialist im Ersten Weltkrieg, übernahm am Urbankrankenhaus die Klinik für Innere Medizin und wechselte 1942, nachdem er 1936 emeritiert worden war, nach Tengshausen. Dort baute er einen neuen Wohnteil aus, die sogenannte Pächterwohnung. Er hatte Tengshausen zusammen mit seinem älteren Bruder geerbt, der die größere Hälfte der landwirtschaftlich genutzten Flächen erhielt. Die vier jüngeren Geschwister bekamen ebenfalls zu zweit je ein Landgut. Nach dem Tod meines Vaters – meine Eltern hatten sich ebenfalls als Ruheständler nach Tengshausen zurückgezogen – erlebten wir 15 Jahre lang eine mühsame Erbengemeinschaft. Ein gutes Jahr nach deren Ende konnte ich den Familienbesitz an unseren Sohn, der mit seiner Familie in Bremen lebt, weitergeben. Es erfüllt mich mit großer Freude und tief empfundener Dankbarkeit, dass es mir gelungen ist, den Familienbesitz zu erhalten und an die nächste Generation weiter zu geben.

Viele Sommerferien verbrachte ich bei den Großeltern in Tengshausen, begleitete den Pächter Eden oder dessen Sohn Hicko bei allem, was auf dem Hof zu tun war (anfangs mit zwei Pferden, später mit einem kleinen Traktor – zu Zeiten meines Großvaters standen zwölf Pferde im Stall!) und übernahm zunehmend selbst schwere Arbeiten wie Gräben schlöten (reinigen) oder Bäume fällen. Ich kannte jeden Baum, jeden Strauch und die einheimische Bevölkerung. Hin und wieder waren wir auch im Watt unterwegs. In den großen Ferien war ich besonders gerne bei der Ernte dabei. Nach getaner Arbeit erzählte der Großvater spannende Geschichten über einen Piraten namens Junge Dure, der mit seiner Familie auf einer Burg in Tengshausen lebte; über dessen Sohn Garlich, der zum Häuptling aufstieg; über Familienfehden oder den Deichbau, der Segen und Fluch über das Land brachte. Was gibt es Spannenderes für einen Jungen?

Mein Interesse an der Historie ließ niemals nach. Jetzt im Ruhestand machte ich mich auf die Reise durch die friesische Geschichte von Christi Geburt an bis ins 16. Jahrhundert. Gleich einem Spürhund suchte ich Informationen zu Junge Dure, dessen Sohn Garlich und deren Umfeld. Die wenigen Daten, die ich zu beiden Personen ausfindig machen konnte, führen zu einem neuen, umfassenden Bild mit überraschenden Ergebnissen: Verbunden mit einer Einschätzung der Geländesituation vor der Niederlassung des Junge Dure (1460) als Kaperfahrer auf seiner Burg Tengshausen, sind jetzt Rückschlüsse zur Entstehungszeit des bisher undatierten ältesten Deiches in Tengshausen möglich geworden. Hinzu kommen Änderungen, bedingt durch die Landgewinnung, die die bis dahin ungeschriebenen rechtlichen Rahmenbedingungen grundlegend in anderem Licht erscheinen lassen mit gravierenden Folgen für Garlich Diuren und dessen Darstellung in der friesischen Geschichtsschreibung.

Um meine Geschichte zu verstehen, stelle ich in Teil I zunächst Hintergrundwissen über das Wangerland bis zum 16. Jahrhundert vor. Ziehe meine Folgerungen im Hinblick auf Junge Dure und dessen Sohn Garlich in Teil II und komme in Teil III zu bisher nicht bekannten Erkenntnissen. Besonders für Leser außerhalb Frieslands sollte der Anhang (Teil IV) mit dem Duren Stammbaum und einer Liste mit Worterklärungen hilfreich sein.

TEIL I

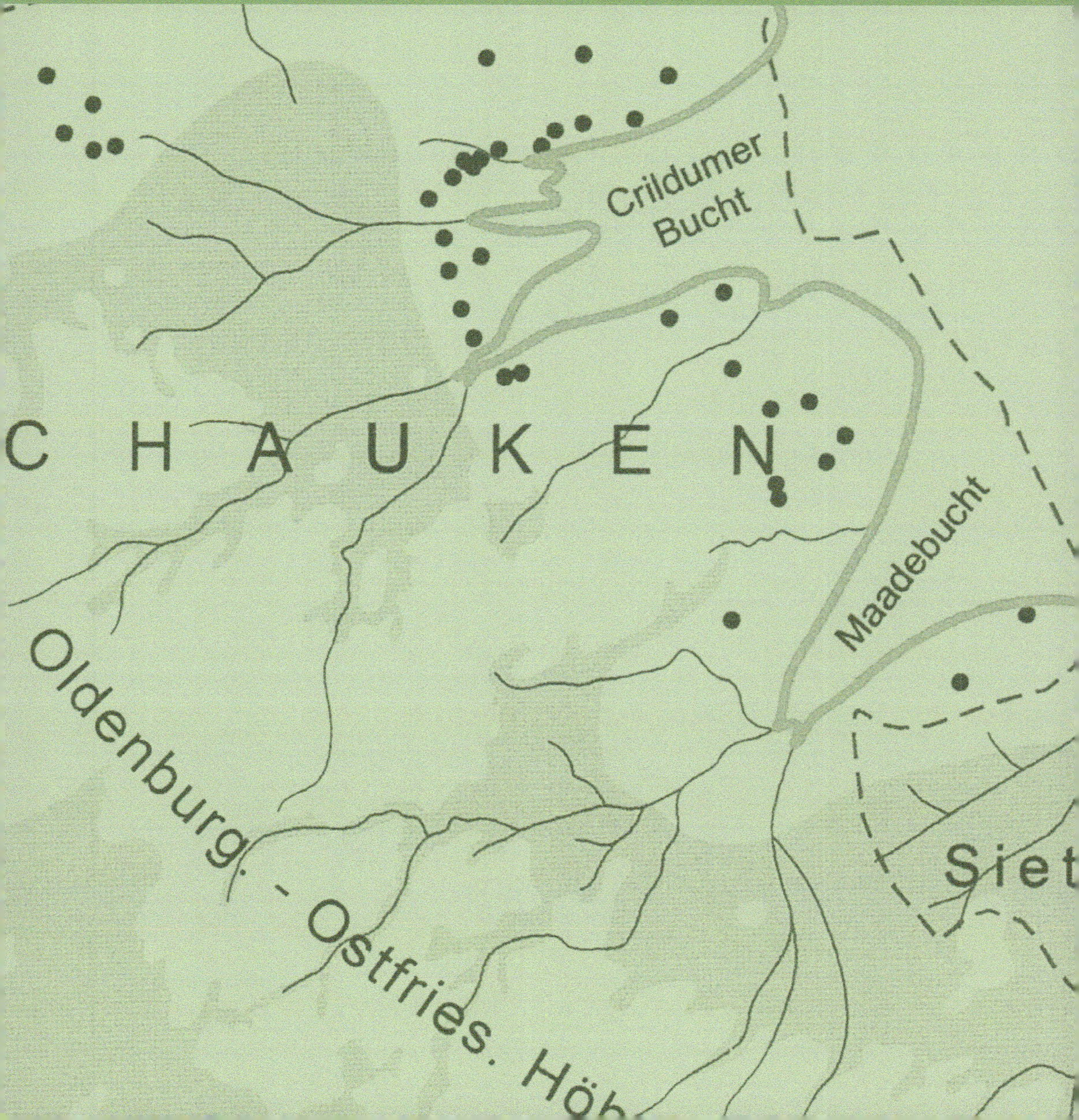
Crildumer Bucht
CHAUKEN
Maadebucht
Oldenburg. - Ostfries. Höh
Siet

Die Besiedelung der ostfriesischen Halbinsel

Lassen Sie uns zunächst einen Blick auf die erste Besiedelungsphase der ostfriesischen Halbinsel werfen. Bereits die Römer berichten von dem germanischen Stamm der Chauken, die als Schiffer- und Fischervolk östlich vom heutigen Westfriesland in den Niederlanden, zu beiden Seiten der Weser anzutreffen seien.[2] Der römische Geschichtsschreiber Tacitus (etwa 55–120 n. Chr.) beschreibt die Lebenssituation der Chauken wie folgt: *„garstig in seiner Landschaft, rau in seinem Klima, für den Bebauer wie für seinen Beschauer gleich trostlos.“*[3] Gegen Ende der Regierung des 2. römischen Kaisers Tiberius (14–37 n. Chr.) kam es im Westen auf Grund der hohen Steuerforderungen im Jahr 28 zu einem Aufstand der Friesen gegen ihre Eroberer. Später werden diese Friesen als Verbündete der Römer bezeichnet. Im Osten dagegen blieben die Römer erfolglos, obwohl ihre beiden Rheinheere fusionierten, um gemeinschaftlich gegen die Chauker im Osten zu marschieren. Auch wenn sich die Chauker von der Belagerung eines römischen Kastells zurück gezogen hatten, so war ihnen selbst *„in dem durchschnittenen Lande schwer beizukommen; mehrere römische Heerhaufen wurden vereinzelt aufgerieben und die römische Vorhut so gründlich geschlagen, dass selbst die Leichen der Gefallenen in der Gewalt des Feindes blieben.“*[4]

Zwanzig Jahre später plante der Statthalter Niedergermaniens und bedeutende Feldherr Gnaeus Domitius Corbulo (7–67 n. Chr.) die Ems nach Osten zu überschreiten, um die Chauker zu züchtigen. Dazu kam es jedoch nicht, weil in Rom beschlossen worden war, Britannien zu besetzen, und man einen Zweifrontenkrieg vermeiden wollte.[5]

2 Mommsen, 1933, S. 131-134, Fiks, 2015, VIII., Pos. 323-344, 417-460.
3 Mommsen, 1933, S. 131-134; Fiks, 2015, VIII., Pos. 323-344, 417-460.
4 Mommsen, 1933, Teil I, S.133/134.
5 Mommsen,1933, S. 131-134; Fiks, 2015, IX, Pos. 468.

Menschen werden durch die, von der Natur vorgegebenen, Lebensbedingungen geprägt. Dabei erweisen sie sich als anpassungsfähig und erfinderisch. Zur Zeit der römischen Kaiser (27 v. Chr. bis 375 n. Chr.) war die Nordseeküste zwischen Weser und Ems ein hoch aufgeschlicktes Marschenland mit vorgelagertem Wattenmeer. Von zahllosen Rinnen, Prielen und Flüssen durchschnitten – einen Deichbau kannte man zu dieser Zeit noch nicht – wurde das Land zweimal täglich durch auflaufendes Wasser „bespült".[6] Jede Flut brachte kleinste bis größere Schwebstoffe mit sich. Die Ablagerungen führten im Uferbereich der Meeresbuchten, Priele und Flüsse mit der Zeit zu Aufschlickungen von Erdwällen.

Landeinwärts, hinter diesen Wällen, wurde das Land niedriger. Das sogenannte Sietland kann einige Meter tiefer als die aufgeschlickten Erdwälle oder Küstenstreifen liegen und ist dadurch schwer zu entwässern. Als Folge bildeten sich über Jahrtausende großflächige Moore, die in die Höhe wuchsen und gen Süden weniger werden. Sobald die Nordseewellen den Küstensaum bei einem Hochwasser überwunden und die Moore erreicht haben, räumten sie in späteren Zeiten diese großflächig aus und entwässerten in die südliche Nordsee.[7] Das fehlende Wasser führte zur Sackung und Oxidation des Torfes und zu einem Absinken der Oberfläche.[8] Der Boden dieser neu gebildeten Wasserbecken liegt tiefer als zuvor und wird glatt ausgewaschen gewesen sein, ein Umstand, der dazu beigetragen hat, uns die eine oder andere Meeresbucht oder auch Binnensee bis heute zu erhalten.

Die vorhandenen Landwege, durch Moore, Flussläufe und Wassergräben stark eingeschränkt, waren nur zu bestimmten Jahreszeiten passierbar. Handel zu treiben, eine der wenigen Möglichkeiten, legal seinen Lebensunterhalt zu verdienen, war nur über die See möglich. So war es für die Siedler am günstigsten, sich auf Uferwällen der Flussmündungen, Buchten und Küstenstreifen nieder zu lassen; wie gesagt, einen Deichbau

6 Knol 2003, S. 17ff..
7 Behre, 1999, S. 9-33.
8 Behre, 2012, S. 20.

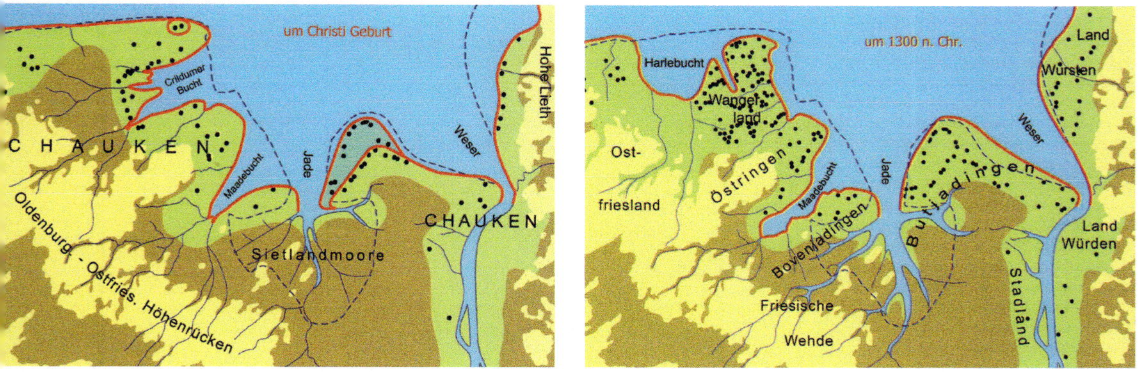

Links: der Küstenverlauf um Christi Geburt mit der Cildrumer Buch; Bei den beiden eingekreisten Siedlungspunkten handelt es sich vermutlich um das Dorf Minsen und den Dorfwarf Bassens (s. auch S. 24). Rechts: nach Einbruch der Harlebucht verlandete die Cildrumer Bucht und bot um 1300 neue Siedlungsmöglichkeiten im Wangerland

kannte man bis dato noch nicht.[9] Daraus lässt sich schlussfolgern, dass die Fluten der Nordsee für die ersten Siedler noch keine Gefahr darstellten.

Einbrüche der Nordsee in das unbedeichte Land führten zu Veränderungen der Küstenlinien. So ist die Entstehung der Harlebucht bis kurz vor das heutige Wittmund nach bisheriger Forschung in die Zeit um das 8. Jhdt. zu legen.[10] Zeitgleich beginnt der Klimawandel von der Kältephase der Völkerwanderungszeit zur Mittelalterlichen Wärmeperiode (MWP), die bis 1300 andauerte. Das Gletschereis schmolz, die See stieg an und konnte ungehindert in das Land eindringen. Die topografischen Folgen waren enorm: Das Wangerland, das bisher nach Osten in die Crildumer Bucht entwässert hatte, entwässerte nun in westlicher Gegenrichtung in die neu gebildete Harlinger Bucht. Die Crildumer Bucht wurde von ihren wasserzuführenden Bächen und Tiefs abgeschnitten. Bereits im 13. Jhdt. war die Crildumer Bucht verlandet.[11] Zugenommen hatte nach dem Einbruch der Harlebucht die Länge des Küstensteifens und damit die

9 Behre, 2012, S. 49; Behre, 2023, S. 153.
10 Behre, 2012, S. 49.
11 Behre, 2012, S. 49.

Fläche der Salzwiesen, die für Siedler mit Viehwirtschaft attraktiv waren, mit ein Grund, warum die Siedlungsdichte zunahm.

In der 2. Hälfte des 7. Jhdts. und im 8. Jhdt. zwangen mehrere Sturmfluten die Menschen zur Erhöhung ihrer Wohnwarften. Nach der Eindeichung der friesischen Halbinsel waren die Wohnwarften zwar kein Thema mehr, aber das Ende der kleinen Eiszeit und der Abschluss der Eindeichung der Harlebucht fielen erneut zusammen. Es gingen also der Einbruch zur Harlebucht (vor 800, Beginn der MWP) und deren Verlandung (1850, Ende der kleinen Eiszeit) jeweils mit einem Klimawandel einher.

Hohenkirchen, eine Dorf-Warf nördlich von Jever, von der in unserer Geschichte noch die Rede sein wird, erhielt durch die Entstehung der Harlebucht einen Seehafen. Die Strömungsverhältnisse im Watt veränderten sich bis hin zu den Inseln Wangerooge und Spiekeroog, mit Auswirkungen auf den Groden vor Bassens. Bassens ist eine hohe Warf aus vorchristlicher Zeit, von der wir ebenfalls später mehr erfahren werden. Auf dem Groden nördlich von Bassens mit Zugang zum offenen Meer, errichtete Junge Dure seine (Seeräuber-)Burg.[12]

Streif konnte für die Insel Wangerooge eine Süd-Ostverlagerung seit dem 14. Jhdt. nachweisen *(s. auch Fußnote rechts)*. Wie Behre selbst ausführt, werden heute noch nicht nur Wangerooge, sondern auch die Inseln Norderney und Borkum an einer weiteren Wanderbewegung Richtung Osten durch ausgedehnte Befestigungsanlagen (Buhnen) gehindert.[13] Es ist also Wangerooge nicht die einzige Insel, für die eine Wanderbewegung angenommen werden darf. Es ist denkbar, dass die steifen Nord-Westwinde über der Nordsee ungehindert zwischen den beiden Inseln hindurch damals auf das Festland getroffen sind und das Land überspült haben. Junge Warften wuchsen kontinuierlich in die Höhe, was beweist, dass die Sturm-

12 Streif, 1990, S. 57.
13 Behre, 2023, S. 171.

fluten zeitgleich heftiger geworden waren. Als die Harlebucht entstand, existierten weder der Dollart noch der Jadebusen noch die Leybucht.

Will man die Entstehung der Harlebucht vor 800 n. Chr. in einem Kausalzusammenhang mit der Inselwanderung sehen, wie es auf Grund der Forschungsergebnisse von Streif gerne angenommen wird, so sollte sich für die Zeit der erfolgreichen Landrückgewinnung in der Harlebucht nach der MWP die Insel Spiekeroog als wesentlicher „Schutzschild" vor der rauen See nachweisen lassen. Dabei ist es nicht unbeachtlich, dass die Situation der übrigen ostfriesischen Inseln zum Festland vergleichbar ist, dort aber bemerkenswerter Weise zeitgleich keine Meeresbuchten entstanden waren. Auch wurde in diesem Zusammenhang der Klimawandel nach der MWP bisher noch nicht thematisiert. Es fällt auf, dass die Landgewinnung und Eindeichung der Harlebucht bis in die Mitte des 19. Jhdts. erfolgreich war, hingegen die gleichen Maßnahmen bei Schillig, nördlich vom heutigen Wilhelmshaven, im 16. Jhdt. schwere Rückschläge erlitten und schließlich aufgegeben wurden. Auch zur Klärung dieser Fragen müssen offenkundig weitere Forschungsergebnisse abgewartet werden.

Sowohl die Entstehung als auch die Verlandung der Harlebucht korreliert mit dem Klimawandel zur und nach der MWP.

---

* Streif weist eine Inselwanderung seit dem 14. Jhdt. nach und bereits im 15. Jhdt. beginnen die ersten Eindeichungen zur Landrückgewinnung. Die Deiche waren damals nicht einmal mannshoch und man konnte im Stehen darüber schauen. Nun stellt sich einerseits die Frage, ob der angeblich 500 Jahre zuvor verlorene Inselschutz sich wirklich und entscheidend durch die Deiche hat ausgleichen lassen, und andererseits, die gleiche Landgewinnung bei den großen Buchten Dollart und Jadebusen (die noch dazu erst nach der Eindeichung entstanden waren) unvollständig geblieben sind. Die Harlebucht ist die einzige Meeresbucht, die heute durch sogenannte Landgewinnung vollständig zu Festland zurück entwickelt worden ist. Bei den anderen großen Meeresbuchten ist dies bis heute nicht gelungen, bei der Leybucht nur unvollständig. Sicherlich sind die Entstehungsmechanismen jeder einzelnen Meeresbucht differenziert zu sehen. Dennoch sollte die Frage erlaubt sein, ob die Landgewinnung vom Menschen wirklich allein entscheidend für die erfolgreiche Landrückentwicklung gewesen ist oder vielleicht doch der zweimalige Klimawandel, erst zur Entstehung und dann zur Rückentwicklung der große unbekannte und bisher unerkannte, aber entscheidende Helfer im Hintergrund gewesen ist.

Junge Dure wird nicht gewusst haben, dass mit dem Abklingen der MWP an den Polen zunehmend Wasser im Eis gebunden wird, die großen Weltmeere abkühlen und damit der Meeresspiegel der Nordsee sank. Er wird aber das Wattenmeer zwischen Wangerooge und dem Festland genauestens gekannt haben, das ihn zwang, zunehmend flache Boote mit geringerem Tiefgang zu nutzen. Solange wir in den Karten um 1300 und 1400 für Hohenkirchen einen Hafen eingezeichnet finden, können wir davon ausgehen, dass eine, für Lastschiffe ausreichend tiefe, befahrbare Fahrrinne bestanden hat. Die Hauptbalje (Priel oder Fahrrinne) führte zwischen Wangerooge und Spiekeroog ins offene Meer hinaus. Der Uferrand im Nordwesten vom Wangerland, heute noch an den Höhenlinien identifizierbar, begann damals zu verschlicken. Die Harlebucht existierte über 500 Jahre während der MWP bis 1300 und verlandete weitere 500 Jahre lang bis zum Ende der Kleinen Eiszeit zur Mitte des 19. Jhdts. vollständig. Der Jadebusen hingegen besteht bis heute.

Während der MWP war die Sonneneinstrahlung erwartungsgemäß sehr stark und während der kleinen Eiszeit deutlich geringer. In der Neuzeit ist die Sonnenstrahlung wieder intensiver geworden. Es gilt als gesichert, dass sich sowohl die nördliche als auch die südliche Erdhalbkugel erwärmen.[14] Die MWP ist ein beliebtes Studienobjekt für Klimaforscher unserer Zeit, da diese Zeitenperiode der modernen Erderwärmung am nächsten kommt, und im Gegensatz zu heute, nicht von CO_2-Diskussionen oder anderen anthropogenen Treibhauseffekten überlagert ist.

Noch unklar für die Klimaerwärmung ist der Einfluss der Ozeanzyklen. Als Ozeanzyklen bezeichnet man oszillierende Temperatur- und Luftdruckunterschiede in regional genau definierten Meeresgebieten. Man spricht von der Pazifik Dekaden Oszillation (PDO) und der Atlantischen Multikadischen Oszillation (AMO), die mit einem Abstand von 20 Jahren

14 Steinhilber, 2009, L 19704; Ljungqvist, 2010, S. 339-351; Lüning, 2020, S. 45- 54; Lüning, 2019, 109251.

zusammen auftreten.[15] Entsprechend der Abweichungen vom mittleren Normalzustand wird von positiven oder negativen Phasen der PDO oder AMO gesprochen. Beide Phasen (PDO u. AMO) treten immer zusammen auf und dauern jeweils 60 Jahre an. Dabei treten sie aber nicht zeitgleich auf, wie oben bereits erwähnt, sondern die AMO hinkt der PDO um bis zu 20 Jahre hinterher. Die PDO wurde 1996 durch Steven Hare von der Universität Washington entdeckt. Im Jahr 2013 haben dann Forscher derselben Universität herausgefunden, dass PDO und AMO gemeinschaftlich 30–50 Prozent des letzten großen Erwärmungsschubs von 1975 bis 1998 mit weniger als einem halben Grad Celsius verursacht haben.

Aus einem Torfkern des Dürren Maar in der Westeifel, gelang es Wissenschaftlern, die Rekonstruktion der Temperaturgeschichte Deutschlands auf Basis von Kohlenstoffisotopen zu erstellen. Dabei wurde entdeckt, dass im Übergang von der Kälteperiode der Völkerwanderungszeit (500-700) zur MWP (800–1300), also während rund 200 Jahren, die Temperaturen rasant um mehr als fünf Grad! angestiegen waren. Weder unsere heutigen Temperaturen, noch die heutige Erwärmungsrate in Deutschland ist also im historischen Kontext beispiellos. Deshalb bin ich der Meinung, dass die wissenschaftlichen Erkenntnisse über die Ozeanzyklen auf die heutige CO_2-Diskussion relativierend wirken sollten *(s. S. 24)*.[16]

Heute können wir uns nur indirekt ein Bild von der damaligen Landschaft und ihren Küstenformationen machen. Wir verfügen weder über Kartenmaterial aus der Zeit, noch über Informationen zu den Wasserständen. Durch archäologische Ausgrabungen und Erdbohrungen wissen wir von ersten Flachsiedlungen zu ebener Erde. Man teilt sie in „Alte“ (um Christi Geburt gegründet) und „Junge“ (zwischen dem 4. und 7. Jhdt. besiedelt). Ihre Entstehung war abhängig von der Höhe

15 MacDonald, 2005, S. 1-4.

16 Mantua, 1997, S. 1.069-1.079); Chylek, 2014, S. 1.689-1697); Scafetta, 2013, S. 321- 357; Tung, 2013, S. 2.058- 2.063); Wu, 2011, S. 759 -773; Zhou, 2013; Moschen, 2011, S. 1.011-1.026).

des Sturmflutspiegels einerseits und der Höhe des Siedlungslandes über dem Meeresspiegel andererseits. Mit steigendem Flutrisiko aufgrund des Temperaturanstiegs während der MWP, suchten die Menschen zunächst auf erhöhten Warften oder Wurten Schutz vor den Wassermassen. Die künstlich aufgeschütteten Hügel waren umso höher, je höher das reale Flutrisiko bestand. Man kannte nicht nur Warften für die Menschen, auch für das Vieh wurden etwas niedrigere, ovale Warften angelegt. Die Dorfwarfen waren eher rund[17] und tausend Jahre nach Christi Geburt entstanden. Erste Runddeiche wurden um kleine Wirtschaftsflächen gezogen zum Schutz vor der Nordsee, um das Abschwemmen von Heu zu verhindern.[18]

Die *Abbildung Seite 17 links,* zeigt die perlenschnurartige Aufreihung schwarzer Siedlungspunkte, insbesondere im Land der Chauken westlich der Crildumer Bucht. Darüber, in nördlicher Richtung, sind zwei dicht nebeneinanderliegende Flachsiedlungen markiert. Vermutlich handelt es sich bei diesen nördlichsten Siedlungspunkten im Wangerland um das heute noch existierende Dorf Minsen und leicht südwestlich davon um den hohen Dorfwarf Bassens, die bereits erwähnt wurde (und die als letzter Wohnsitz Garlich Diurens angesehen wird). Der Herd Tengshausen, der der Burg zugerechnet werden muss, liegt nur wenige 100 Meter nördlich von Bassens im ehemaligen Außengroden. Auf der Warft Bassens befinden sich heute noch vier Gehöfte. Um 1482–90 wurde eine erste Warf für den Herd Tengshausen errichtet und um 1490-99 auf dieser erweiterten Warf Tengshausen ein Steinhaus.

Die erste Siedlungsperiode mit bis zu sieben übereinander liegenden Wohnhorizonten auf den immer höher werdenden Warften endete im 4./5. Jhdt. Offenbar waren die Lebensbedingungen durch eine Kältephase so unwirtlich geworden, dass die Chauken alle Siedlungsplätze aufgaben, und in das vermutlich wärmere Britannien übersiedelten *(s. Grafik S. 24).*

17 Behre, 2012, S. 32 u. Abb. 17.
18 Behre, 1996, S. 25.

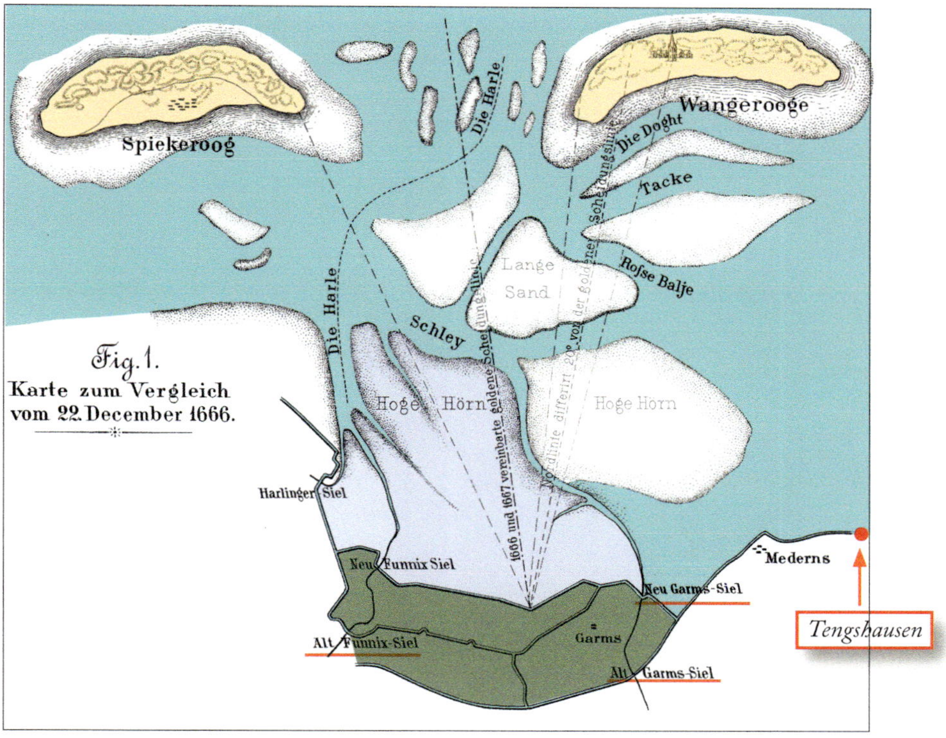

Aus der Zeit der Erstbesiedelung haben wir keinerlei Kartenmaterial oder topografische Anschauung.Blatt 14 von Tenge zeigt die ersten Deiche zur Landgewinnung mit dem Alt Garmssiel (ehmaliger Zugang zum Hafen in Hohenkirchen), Alt Funnixsiel und Neu Garmssiel.

In der etwa drei Jahrhunderte dauernden Kältephase mit Eisbildung, sank der Meeresspiegel. Mit steigenden Temperaturen kam es zu einer Neubesiedelung dieser Region von Westen her, jetzt durch die Westfriesen aus den heutigen Niederlanden. Die günstige Phase zur Neubesiedelung währte aber nicht lange, denn schon am Ende des 7. Jahrhunderts setzte die zweite Warfen- oder auch Wurtenphase als Folge steigender Sturmflutspiegel ein.[19]

19 Behre, 2012, S. 28

Die Grafik verdeutlicht anschaulich die Kausalität zwischen Sonneneinstrahlung und Temperaturanstieg, Die daraus resultierend wechselnden Höhen der Meeresspiegel und damit verbundenen Flutrisiken beeinflussten die Besiedelung und die Höhen der Wurten.

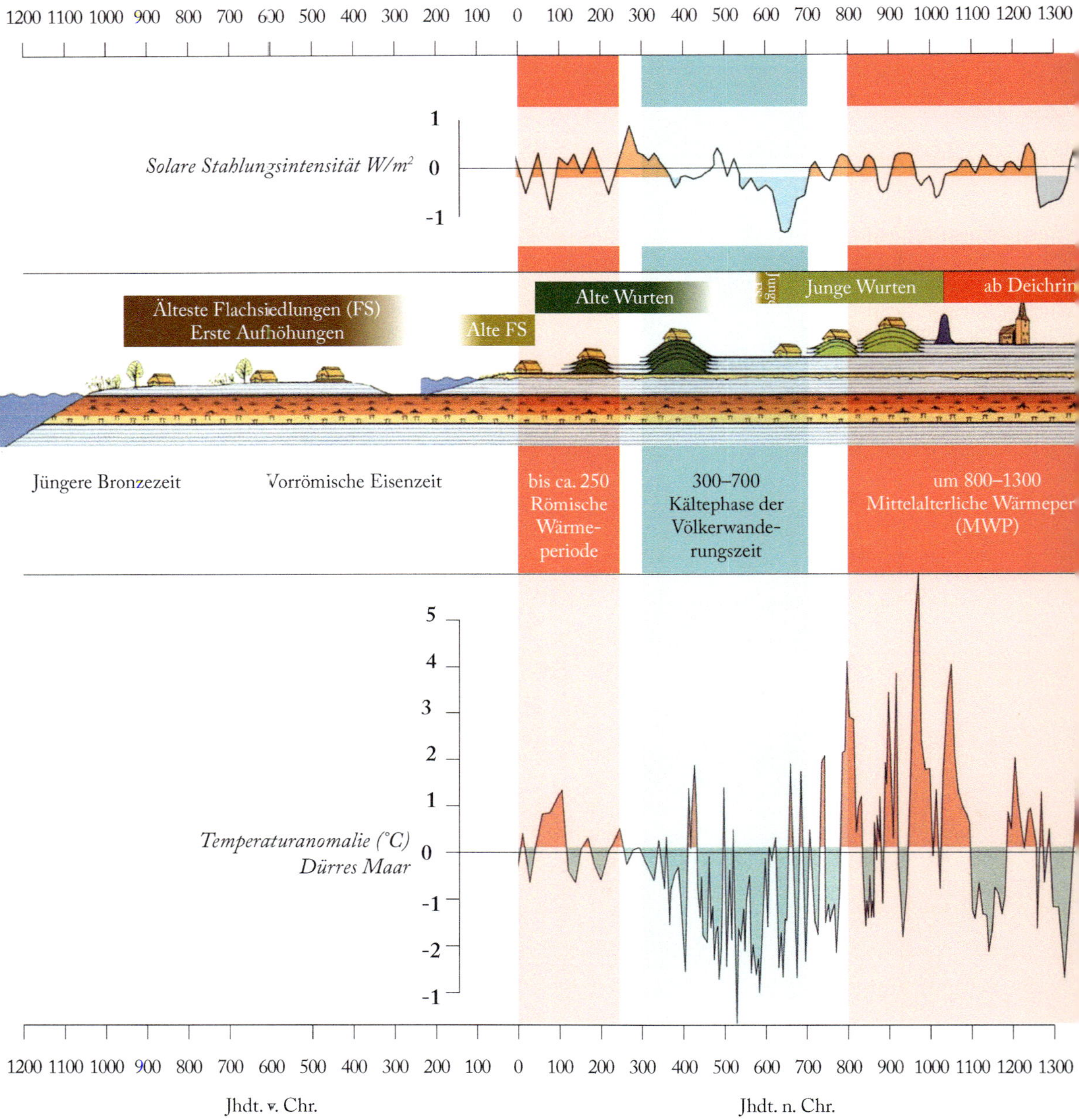

Kein Leben ohne Trinkwasser

Neben den topografischen Gegebenheiten ist das Vorhandensein von Trinkwasser eine lebenswichtige Voraussetzung. Ganz gleich, ob es die Friesen, die Chauken oder andere Stämme in vorchristlicher Zeit waren, ohne ausreichend verfügbares Trinkwasser war eine Existenz an der Nordseeküste nicht denkbar.[20] Süßwasser führende Flüsse aus dem Binnenland boten an ihren Ufern Siedlungsmöglichkeiten,[21] aber wie sah es in den Küstenregionen aus, die mehr oder weniger regelmäßig vom Meerwasser überspült wurden? Seewasser, mit einem Prozent Salzgehalt, ist für den Menschen ungenießbar. In den Flussmündungen und Entwässerungsgräben in Küstennähe findet man ein Gemisch aus süßem Fluss- und salzigem Meerwasser. Dieses sogenannte Brackwasser ist für Menschen ebenfalls nicht trinkbar. Im Gegensatz dazu ist das Vieh stärker belastbar und kann mit Brackwasser aus den Gräben problemlos getränkt werden. Landeinwärts wird das durch den Deich geschützte Land, von einer Vielzahl immer größer werdender Entwässerungsgräben durchzogen, die mit Tiefs verbunden sind. Diese Tiefs münden alle über Flüsse – durch Sieltore vor der See gesichert – ins Watt und entwässern somit das Land.

Dank der Besiedelung bildeten sich natürliche Süßwasserreservoirs. Zum einen wuchsen im Laufe der Jahrhunderte die Warften beträchtlich in die Höhe, worauf sich an deren Basis im Erdreich durch Sickerwasser „Süßwasserlinsen“ bildeten. Im Gegensatz zum Brackwasser vermischt sich das salzige Grundwasser nicht mit dem Süßwasser in den Linsen, weil das leichtere Süßwasser auf dem Grundwasser schwimmt. Zudem finden sich zusätzlich oder neben dem Entwässerungssystem immer wieder kreisrunde, tief gehende Wasserkuhlen, sogenannte Kolke. Deren Entstehung geht auf Deichbrüche zurück, bei denen sich im Bereich der Bruchstelle große

20 Reimers, 1925, S. 6.
21 Spiekhout, 2023.

Wasserstrudel tief in das Erdreich bohrten. Viele dieser Kolke blieben über Jahrhunderte erhalten und sind heute sichere Anzeichen für einen früheren Deichbruch an dieser Stelle. Neben den Kolken finden sich auch ovale Teiche in großer Zahl. Auch diese sind nicht Bestandteil des natürlichen Wassersystems. Sie entstanden beim Bau der Warften oder Deichauffahrten, als das Erdreich zum Aufschichten gebraucht wurde *(s. auch Erklärung Seite 27)*.

Nördlich der Hofstelle Tengshausen liegt der Warf für die, von Junge Dure gebaute Burg. Die dafür ausgehobene Kuhle, „Zwei-Matts-Kuhl" genannt, liegt nur wenige Meter westlich der einstigen Burg. Von ihr wird erzählt, dass sie sehr tief ausgehoben worden war und noch nie trockengefallen sei. Auch sei sie sogar bei den Fluten 1511, nie überspült worden und habe immer ihr Süßwasser behalten.[22] Sie wird heute, wie so viele andere Kuhlen auch, als Viehtränke genutzt. Mein Großvater, Georg Johann Jürgens, erzählte, dass bei dem Deichbruch nur wenige Meter östlich von Tengshausen im Jahr 1511 der „Alte Deich" ziemlich eingeebnet worden sei. Dazu passt die Vermutung von Salomon, dass in diesem Bereich ein Kolk ausgedeicht worden sein könnte.[23] 1511 und einige Jahre danach wird die Fläche für eine landwirtschaftliche Nutzung unbrauchbar gewesen sein. Heute noch wird diese im Jahr 1511 nach dem Deichbruch vermutlich ausgedeichte Fläche von den Landwirten als „nasses Stück" bezeichnet.

Ein dritter Typ Wasserkuhle ist durch Zu- und Abflüsse in das bestehende Entwässerungssystem eingebunden. Bei Tengshausen in südöstlicher Richtung existiert seit langer Zeit ein Wasserloch in dreieckiger Form, das mit dem Grabensystem verbunden ist. Es liegt direkt südlich an dem Verbindungsweg zwischen der Warf Bassens und dem Dorf Minsen, auch Großer Mahn- oder Gemeindeweg genannt. Bemerkenswert ist, dass die Wasserkuhle direkt über der großen Wasserader zu liegen scheint, die sich

22 Jürgens, 1954, S. 1.
23 Salomon, 2007, S. 104.

an der Hofstelle und dem Burgplatz in Tengshausen vorbei nach Norden bis an die Deichlinie schlängelt.

Rolf Bärenfänger – bis 2020 Direktor des Kommunalverbandes „Ostfriesische Landschaft“ – berichtet, dass bei Ausgrabungen in Friesland zahlreiche Flachbrunnen gefunden wurden, die nicht tiefer als zwei Meter in den Boden reichen.[24] Die Wandungen der Brunnen bildeten hauptsächlich gestapelte Torfsoden, die bei Kontakt mit Wasser aufquollen und für Stabilität sorgten. An der Basis fand man häufig eine Holzkonstruktion. Bärenfänger begründet die geringe Tiefe dieser Brunnen damit, dass diese fast exakt über Wasseradern liegen. Am Beispiel von Tengshausen kann mit der Wünschelrute bestätigt werden, dass dieser Siedlungsort nebst Hausbrunnen auch heute noch sehr nahe an einer starken Wasserader positioniert ist. Gleiches ist naturgemäß wegen der räumlichen Nähe auch für den Standort der Burg von Junge Dure anzunehmen. Schon damals wird man gewusst haben, dass das Leben direkt über einer Wasserader für die Gesundheit nicht zuträglich ist, also mehr oder weniger ungesund sein kann.

Zu den natürlichen Kolken und Kuhlen legten die Siedler Wasserreservoirs an. Der deutsche Archäobotaniker Karl-Ernst Behre erwähnt eigens eine Kuhlenkonstruktion, Fething genannt, die als Regenwasserspeicher gedient haben soll. Der Fething hat einen Durchmesser von 3 bis 10 Meter und eine Tiefe von 1 bis 1,5 Meter und diente in erster Linie zum Tränken des Viehs. Am Boden der Kuhle soll ein, mit Klei verstrichener Schilfrohrboden eingebracht worden sein, der als Filter zur Sauberkeit des Wassers beitrug. Das kostbare Nass wurde aller Voraussicht nach von den Reetdächern eingeleitet. Aufgrund von Temperaturunterschieden und der damit verbundenen Ausbildung von Tauwasser (auch Kondenswasser) sollen die Fethinge nie ganz ausgetrocknet sein. In Ziallerns, eine der besterhaltenen Wurtensiedlung im Wangerland, ist bis heute ein Fething erhalten geblieben.

24 Bärenfänger, 2003, S. 39.

An dieser Stelle sei ein Exkurs zu dem Thema „Wasseradern und Wünschelrute“ erlaubt: Immer wieder werden Forschungsprogramme aufgelegt, um Methoden zum Aufspüren von Wasseradern zu verifizieren. Und immer wieder scheitern diese Versuche, die uralten Kenntnisse der Menschheit mit Methoden der heutigen Wissenschaft zu bestätigen. Menschen, die mit der Wünschelrute umgehen können, haftet etwas Mystisches an und deren Analyse erfährt innerhalb der Bevölkerung unterschiedliche Gewichtung und Bewertung. Vor diesem Hintergrund ist es ratsam, sich so weit wie möglich an die Faktenlage zu halten. Dazu gehört zweifelsfrei, dass in der Hand bestimmter Menschen die Rute „ausschlägt“ (damit ist ein Drehen der Rute in der Hand des Rutengängers nach oben oder unten gemeint), ohne dass der Rutengänger selbst etwas dazu tut oder dies zu verhindern vermag. Zu diesen Menschen zähle auch ich. Ein Beispiel meiner Sensitivität gegenüber Wasseradern: Als ich in einem fremden Gästezimmer nachts mehrfach von, bis dahin mir unbekannten Wadenkrämpfen, geweckt wurde, bestätigte der Hausherr am nächsten Morgen, dass sich mein Zimmer über einem zugeschütteten Ententeich befand. Was für mich real ist, bleibt für die Wissenschaft so lange eine Hypothese, bis eine Doppelblindstudie die Beobachtungen bestätigt. Gleiches gilt für das unterschiedliche Verhalten von Katzen und Hunden über Wasseradern und für auffällige Veränderungen oder Wuchseigenschaften der Vegetation.

Aber zurück zu unserer Geschichte. Geht man von Tengshausen aus, einen Kilometer nach Osten, so erreicht man Minsen, dessen Ursprung vermutlich bis in die Eisenzeit reicht. Das Dorf liegt auf einer sechs Meter hohen Warf und vor seiner Kirche befindet sich ein großer, gut erhaltener und restaurierte Brunnen. Das „gute“ Brunnen- oder Grundwasser wurde mit Regenwasser verlängert, das vom Reetdach durch ein Sieb in den

Brunnen geführt wurde. Die Beimischung musste für den Menschen allerdings in verträglichem Rahmen bleiben, weil Regenwasser „Aqua destillata" gleich zu setzen ist. Das will heißen, dass ein dauerhafter Genuss von Regenwasser in den menschlichen Körperzellen einen osmotischen Druck aufbaut, der zum Platzen der menschlichen Zellen führt. Tierisches Zellleben hingegen toleriert diesen osmotischen Druck gut und kann mit aufgefangenem Regenwasser in Kuhlen und Weihern getränkt werden.

Das mittlere Tidehochwasser (MThw) markiert die Linie zwischen der See und dem Festland mit Salzwiesen, Andelgroden genannt (Groden hat denselben Wortstamm wie das englische Verb to grow = wachsen). Die auf dem Andelgroden wachsenden Gräser zeichnen sich durch hohe Fruchtbarkeit und Eiweißreichtum aus. Die Salzwiesen sind als Weideland bis heute besonders begehrt.[25] Das Salzwasser jedoch, das sich in den Gräben und Prielen um die Wiesen sammelt, nimmt das Vieh nicht auf und so musste es täglich zum Süß- oder Brackwasser getrieben werden.

Die weit verzweigten Wasserwege und das ins Land strömende Seewasser schufen die Grundlagen für einen lebhaften Handel der Friesen. Unter anderem ermöglichten sie die Einfuhr von Bierfässern in großen Mengen. Als Wasserersatz war Gerstensaft quasi täglich verfügbar. Und man höre und staune, eine Unterbrechung der Biereinfuhr, aus welchen Gründen auch immer, führte zu einer Notlage in der Bevölkerung.

Abschließend lässt sich feststellen, dass eine Besiedelung des Wangerlands ohne die Ausbildung natürlicher Süßwasserquellen und der Erfindungsgabe der Bewohner, die weitere Quellen erschlossen und ergänzend geschaffen haben, auf längere Sicht nicht möglich gewesen wäre.

25 Behre, 1996, S. 18.

NORDEN

1) *Der heutige Friesenhof Tengshausen auf einem Warf (errichtet 1482–90). Wohnhaus mit dem 1490–99 gebauten Gewölbekeller auf der Ostseite und angrenzender Scheune im Westen*

2) *Burgberg, hier siedelte 1460 Junge Dure als Kaperfahrer und errichtete seine Burg mit offenem Zugang zur Nordsee*

3) *„Zwei-Matts-Kuhl“ – ausgehoben zum Bau der Burgwarf (2)*

4) *Parzelle Burg im Urkataster der Burg (2) zugeordnet als 2. Herd nach dem Deichbruch 1511 neben Tengshausen errichtet*

5) *Kolk als Zeichen eines früheren Deichbruchs an dieser Stelle, wahrscheinlich durch übereinandergeschichtete Eisschollen bei der Antoni- oder Eisflut 1511 entstanden*

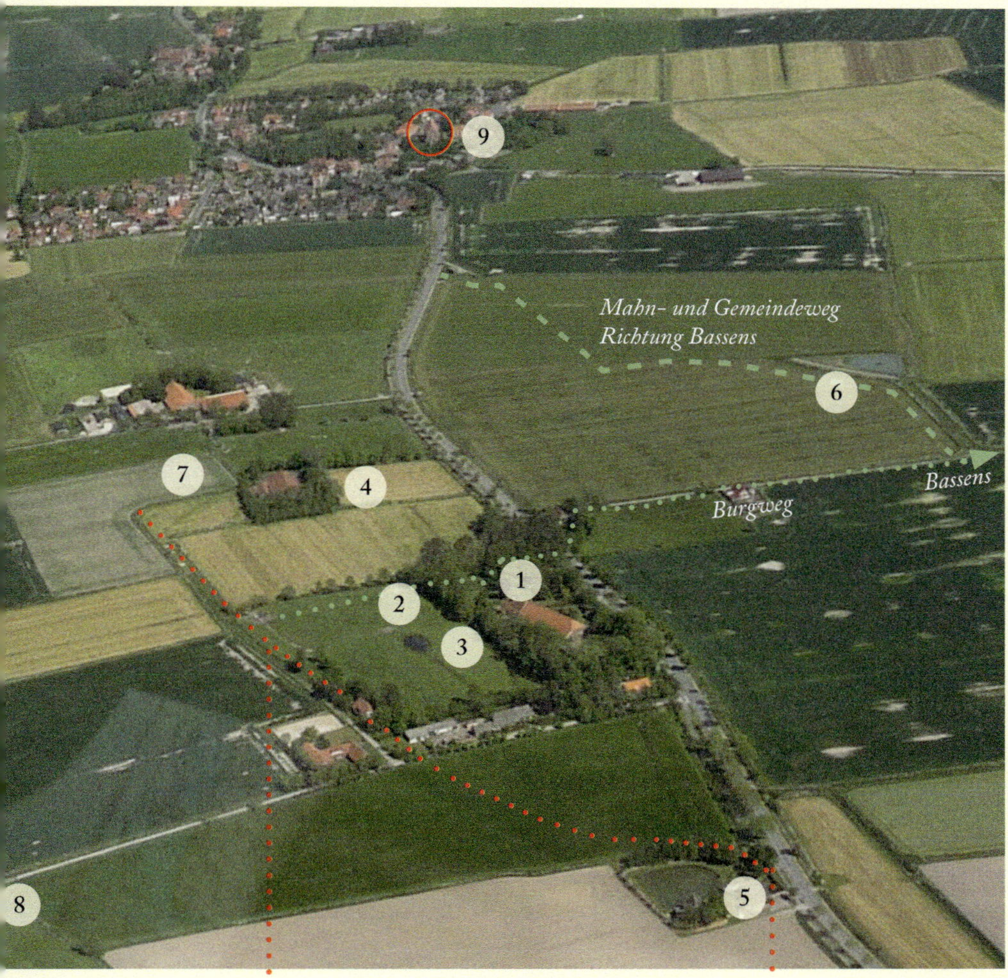

SÜDEN

Der vermutliche Verlauf des ältesten Deichabschnittes von 1480/81, der die Burg von Garlich Duren von dessen direktem Zugang zum Meer abriegelte und die Eigentumsverhältnisse gravierend veränderte.

6) *Wasserloch in dreieckiger Form, das direkt über einer Wasserader liegt*

7) *Deichbruch 1511, der den Deich stark einebnete*

8) *Deichauffahrt Dauenstrift*

9) *Die Kirche von Minsen*

Politische Lebensbedingungen in karolingischer Zeit (751–ca. 900)

Die Menschen der 2. Besiedlungsphase hatten neben schwierigen geographischen, klimatischen und ökonomischen Bedingungen auch mit politischen Widrigkeiten zu kämpfen. In die Übergangszeit von der Kältephase der Völkerwanderungszeit zur MWP (7./8. Jhdt.) fällt die zweite Neubesiedlung im Wangerland, die sich besonders an den Ufern der großen Flüsse und in den Marschen an der Nordseeküste konzentrierte. Die Siedler bezogen verlassene Warfen, ergänzten die Wurten zu runden, dörflichen Siedlungsverbänden oder zu langgestreckten Warfanlagen. Sie betrieben Ackerbau an den aufgelandeten Uferwällen und Viehwirtschaft im tiefer gelegenen Grünland. Obwohl in einer Randposition, erfuhr der Handel im Weser-Emsgebiet durch die Neubesiedlung einen Auftrieb. Die Ansiedlung an Flussläufen mit direktem Zugang zum Wasser, eröffnete jedem Händler die Möglichkeit, mit ganz Europa Handel zu treiben. Im 8. und 9. Jhdt. entstanden mehrere Handelsplätze in der Krummhörn, im heutigen Ostfriesland, aber auch im damaligen Uferbereich der Harlebucht, wie in Esens, Wittmund und Jever. Die bedeutendsten Umschlagzentren befanden sich im Gebiet vom Rheindelta und der unteren Maas. Einer der wichtigsten Exportartikel war das „Friesische Tuch", für das die Friesen berühmt waren.[26]

Die Friesen profitierten aber auch vom Wandel der Zeit. Die wirtschaftliche und politische Einheit im Mittelmeerraum befand sich im Zustand der Auflösung. Das Erstarken des Frankenreiches führte zu einer Verlagerung des politischen Kraftzentrums in nordwestlicher Richtung nach Gallien. Die skandinavische Welt trat deutlicher in das Bewusstsein der Menschen. So rückten die in der Seefahrt ausgesprochen

26 Schmidt, 1975, S. 5-6.

erfahrenen Friesen zwischen Skandinavien, Britannien und Frankreich in eine Mittlerposition, die ihren Handel begünstigte. Frankenkönig Pippins (714–768) politsches Interesse reichte 752 nur bis Westfriesland westlich von Groningen. Doch nur ein Jahr später zwang Pippin die Sachsen, an deren Seite die Friesen kämpften, zu einem Tribut von 300 Pferden. Erst Karl der Große (747/748–814) unterwarf die Sachsen – und damit auch die Friesen – nach einer Reihe von blutigen Kriegen in den Jahren 772 bis 804. Zwar glaubte Karl die Sachsen bereits 777 erfolgreich bezwungen zu haben, aber schon im darauffolgenden Jahr erhoben sich diese erneut. Wenn auch Übertreibungen für das Mittelalter typisch sind, so war doch die Hinrichtung von angeblich 4.500 Sachsen eine herbe Erfahrung auch für die friesischen Kampfgenossen.

König Karl der Große, ab 800 Kaiser, war der bedeutendste Herrscher aus dem Geschlecht der Karolinger.

Karl hatte 780 die „Capitulatio de partibus Saxoniae“, eine Art Standrecht erlassen, um mit rigiden Strafmaßnahmen zu versuchen, das Heidentum auszurotten. Er war bis zur Elbe vorgedrungen. Aus diesem Grund und wegen der grausamen Strafen, hatten sich die Sachsen 780 und 782 erneut gegen König Karl erhoben. Der sächsische Aufruhr hatte sich von Osten her in westlicher Richtung bis nach Westfriesland ausgebreitet und richtete sich auch gegen die christliche Mission. Denn gleichzeitig mit der Ausweitung des fränkisch karolingischen Machtbereiches durch militärische Eroberungen in nordöstlicher Richtung, wurde die christliche Mission vorangetrieben.

Bonifatius, ein aus Wessex stammender Priester und Gelehrter, der 720 auch in Friesland bekehrte, ist wohl einer der bekanntesten Missionare seiner Zeit. Um die Friesen für den christlichen Glauben zu begeistern, reiste Bonifatius, schon hochbetagt, ein drittes Mal zu den Friesen. Dort wurde er 754 von Gegnern der christlich-fränkischen Missionierung erschlagen. Die Erinnerung war noch lebendig, als mit Beginn der Sachsenkriege 772 der Friese Liudger und der Angelsachse Willehad in dieser Region missionarisch tätig wurden. Willehad wurde 780 von seinem König an die Unterweser beordert. Aber schon zwei Jahre später musste er die Region wieder fluchtartig verlassen. Über Butjadingen, die ostfriesische Halbinsel per Schiff umfahrend, konnte er sich nach Westfriesland retten. Sein Missionshelfer allerdings wurde von Friesen erschlagen. Nach den sächsischen Niederlagen 783 und 784 kehrten Liudger und Willehad an ihre alten Wirkungsstätten zurück, aus denen die Bistümer Bremen und Münster hervorgingen. Beide werden auf natürliche Weise durch eine breite Moorzone getrennt, die bis heute mit der evangelisch-lutherischen Kirche im Osten und der reformierten im Westen fortlebt.

Mit dem Gesetzestext „Capitulare Saxonicum" milderte König Karl die „Saxoniae" von 780 ab, und in den nachfolgenden Aufzeichnungen des sächsischen Rechtes, „Lex Saxonum", behielten die Sachsen ihre persönliche Freiheit und ihr altes Volksrecht.[27] Dennoch überfielen die Sachsen und Friesen 792 gemeinsam in Rüstringen, südlich des Jadebusens, einen Heeresverband, der einem Feldzug Karls gegen die Awaren zugeführt

27 Brockhaus, 1902, Bd.7, S. 141/Bd.14, S. 133.

Szenen aus dem Leben des Bonifatius: Heidentaufe (oben) und Märtyrertod (unten)

werden sollte. Heinrich Schmidt, unter anderem von 1969 bis 1976 Direktor des Staatsarchivs Oldenburg, bemerkt dazu, dass den östlichen Friesen am Ende des 8. Jhdts. ihr Heidentum noch einen kriegerischen Einsatz wert war, auf lange Sicht aber, ohne große sächsische Erfolge, diese alleine zu schwach und wohl auch zu dürftig organisiert waren.[28]

Nicht nur die Wellen der südlichen Nordsee brandeten ständig gegen die Küste des Wangerlandes und damit gegen den gesamten Küstenstreifen zwischen Weser und Ems, sondern auch die Wikinger aus Skandinavien machten den Küstenbewohnern in Piratenmanier mit Invasionswellen von See her das Leben schwer.

So bescherte 810 ein Überfall des Dänenkönigs Göttrik den Friesen eine empfindliche Niederlage, die erhebliche Tribute nach sich zog. Als Konsequenz daraus richtete Karl der Große an der Küste und insbesondere in den Flussmündungen, eine Küstenwacht ein. Dieses Frühwarnsystem konnte aber nur wirkungsvoll sein, solange waffenfähige Männer zur Verfügung standen, um die Sicherungsposten zu besetzen und Angreifer abzuwehren.[29] Solche Männer mussten über ihre Zeit frei verfügen können und durften nicht in einem Abhängigkeitsverhältnis stehen. Das war nur

28 Schmidt, 1975, S. 11.
29 Lengen, 1996, S. 113.

denen möglich, die über eigenen Grund und Boden verfügten. Nun hatten die Friesen aber während der Sachsenkriege gegen Karl den Großen gekämpft und mit dieser „Treulosigkeit" am Ende ihre Erbrechte verwirkt. Wie alle im Reich vereinigten Stämme, wurden aus diesem Grund auch die Friesen zu Kriegsdiensten herangezogen und mussten bis in ferne Länder Heeresfolge leisten.[30] Erst nachdem der Sohn Karls des Großen, Ludwig der Fromme (778–840), den Friesen 814 ihren „einstigen Verrat" verzieh und ihnen ihre Rechte zurückgab, stellte er das Frühwarnsystem auf eine breite Schicht grundbesitzender Friesen und ebnete für die Küstenbewohner den Weg zur Königsfreiheit.[31]

Mit Rückgabe der alten Rechte an die Friesen hatte Ludwig die Verteidigungsbereitschaft der grundbesitzenden Friesen wesentlich gestärkt.[32] In den gemeinfriesischen siebzehn Küren – eine Zusammenstellung von Rechten, die um 1080 entstanden ist – heißt es später: der König habe den Friesen gewährt, nur innerhalb Frieslands Heerfolge zu leisten, damit sie ihr Land um so besser gegen die wilde See und gegen das heidnische Heer, gemeint sind die Normannen, schützen könnten. Diese rechtlichen Vorgaben machten nicht nur Sinn, sondern die Friesen zudem frei und keinerlei Herrschaft unterworfen. Die Freiheit der Friesen wird als Lohn verstanden für deren Verteidigung des karolingischen Reiches im Nordosten gegen die über 300 Jahre plündernd in den Küstenzonen einfallenden Normannen. Bis heute ist die Erinnerung an ihre „Freiheit" in der friesischen Bevölkerung lebendig.[33] Sie wird als notwendig und gerecht empfunden, weil die Friesen zusätzlich zur Landesverteidigung permanent mit gemeindlichen Maßnahmen gegen den „blanken Hans" (gemeint ist die raue See) zu kämpfen hatten.[34]

30 Reimers, 1925, S. 6.
31 Lengen, 1996, S. 113/4.
32 Lengen, 1996, S. 114.
33 Schmidt, 1975, S. 14.
34 Ehbrecht, 2003, S. 166.

König Ludwig der Fromme (778–840)

Von den Normannen überfallene Friesen versicherten 873, dass sie nur König Ludwig einen Zins zu zahlen hätten und sonst niemandem. Man nannte diese unmittelbar königsabhängigen Leute Königszinser. Der zu zahlende Zins hieß huslotha und verpflichtete die Friesen, Heerfolge zu leisten, allerdings nur innerhalb ihres Landes, dem Gebiet zwischen Weser und Ems, wo sie über ihren eigenen Besitz frei verfügten. Gleichzeitig verpflichtete Ludwig die Königszinser zur Teilnahme an Versammlungen ihrer Gerichtsgemeinden, die sie zu bilden hatten. Im Gegensatz zu grundherrschaftshörigen Leuten fühlten sich die Königszinser frei. Mit ihrem huslotha hatten sie sich ihre „Freiheit" von König Karl erkauft, so ihr Rechtsempfinden.[35]

Noch gab es im Wangerland keine Klöster, in denen man die Geschehnisse der Zeit schriftlich fixierte; eine einzige Nachricht stammt aus dem Kloster Corvey in Westfalen und vermittelt uns einen Eindruck über die Landung eines Normannenheeres im Gau Nordwidu im Jahre 884, bei der über 10.000 Feinde von den Friesen erschlagen worden sein sollen. Eine vermutlich mittelalterliche Übertreibung und dennoch für die Dimension des Erfolges kennzeichnend. Viele Feinde seien auf ihrer Flucht beim Durchqueren der Gewässer getötet worden. Hat man die zahlreichen,

35 Schmidt, 1975, S. 15.

die Marsch durchziehenden Tiefs vor Augen, erkennt man schnell, dass die Region kein Ort für schwer gepanzerte Reiter gewesen sein dürfte. Stattdessen machte die Natur militärische Auseinandersetzungen im Bereich der Küste zu einer Sache des Fußvolkes.[36] Vermutlich wurde die Pflicht zur Heerfolge großzügig ausgelegt, um möglichst viele waffenfähige Männer rekrutieren zu können.

Im Küstengebiet fehlten Anreize zur Förderung einer Vasallenschicht mit wirtschaftlich abgesicherten Berufskriegern. Dort blieb die Verteidigung in erster Linie Bauernsache. Die Folge wird im 9. und 10. Jahrhundert eine weitere Ausweitung persönlicher bäuerlicher Freiheitsrechte gewesen sein.[37] Die Angleichung der Bauern an die Rechtsposition der „Freien" hatte soziale Konsequenzen, die sich von denen außerhalb Frieslands grundsätzlich unterschied. Statt ständischer Distanzierung und grundherrschaftlicher Strukturen kam es zur Ausweitung persönlicher bäuerlicher Freiheitsrechte.

Wenn über dreihundert Jahre hinweg die Normannen in Friesland eingefallen sind, ohne das Land erfolgreich besetzen zu können, sollte es Gründe dafür geben. Einer davon wird das rege wirtschaftliche Leben in Friesland gewesen sein. Die Viehzüchtergesellschaft in den Wurten-Dörfern trieb einen lebhaften Handel, man kannte einen überdurchschnittlich reichen Geldumlauf und war auf Gewinnvermehrung ausgerichtet. Die Normannen konzentrierten sich bei ihren Überfällen vor allem auf das südliche Friesland mit den handelsreichen Flussmündungen und auf herausragende Handelszentren, ohne dass sie über längere Zeit zu einer, die Lebensmöglichkeiten der Friesen einengenden Plage geworden wären. Der Handel wurde fast ungehindert fortgeführt.

Auch von einer aktiven Teilnahme der Friesen an den Wikingerzügen wird berichtet. Am Beispiel des Oseberg-Schiffes aus dem Jahr 834 mit

36 Schmidt, 1975, S. 16.
37 Schmidt, 1975, S. 17.

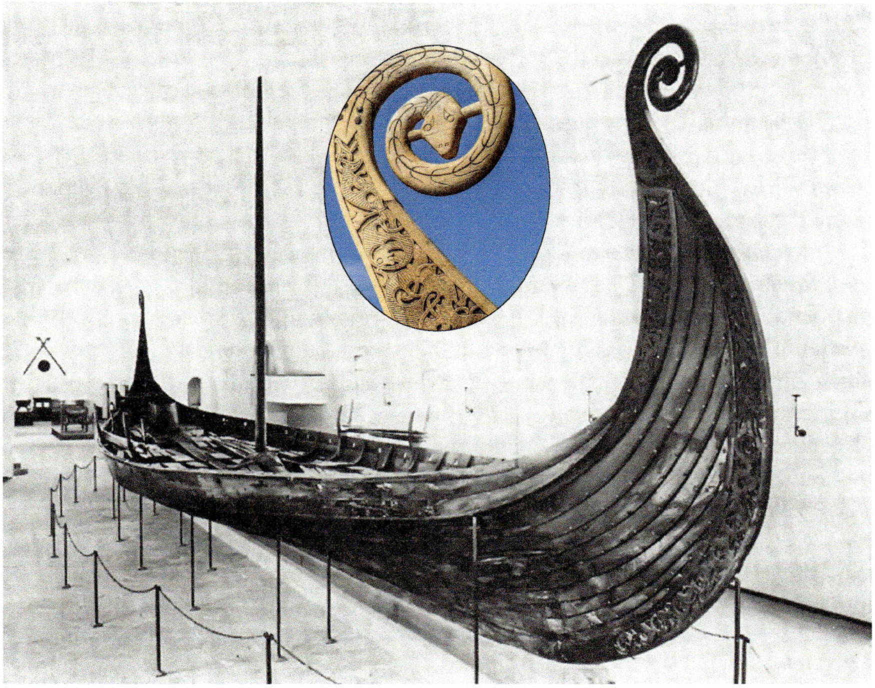

Das sogenannte Oseberg-Schiff im norwegischen Museum Vikingskipshuset in Oslo zeigt beispielhaft die Schiffsbaukunst der Wikinger.

seinen Schnitzereien an den Rumpfrändern und der Schnecke am Bug lässt sich die hoch entwickelte Schiffsbaukunst der Wikinger erahnen. Das Schiff verfügt über einen ungewöhnlich geringen Tiefgang und ist daher für den Einsatz im küstennahen Bereich besonders prädestiniert. Für den Antrieb waren fünfzehn Ruderer vorgesehen. Es liegt auf der Hand, dass derart hochwertige Schiffe nur von Mannschaften mit großem Können betrieben und geführt wurden. Da kann es einen nicht verwundern, wenn sich ein junger, maritim begeisterter Friese von derartigen Seebären angezogen fühlt, die Wikinger auf ihren Fahrten zu begleiten.[38]

38 Schmidt, 1975, S. 14-15.

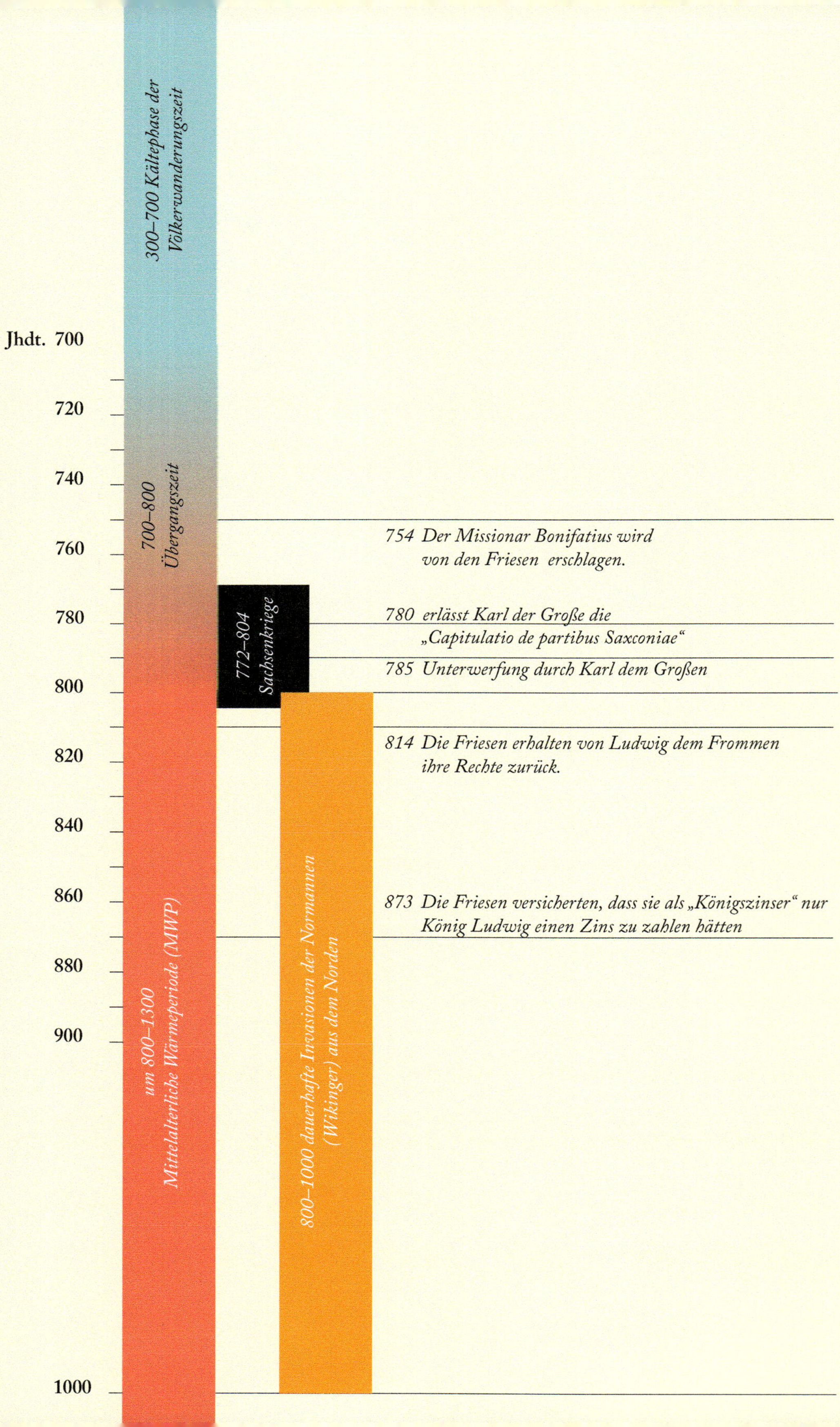

Jhdt. 700
720
740
760
780
800
820
840
860
880
900
1000
300–700 Kältephase der Völkerwanderungszeit
700–800 Übergangszeit
um 800–1300 Mittelalterliche Wärmeperiode (MWP)
772–804 Sachsenkriege
800–1000 dauerhafte Invasionen der Normannen (Wikinger) aus dem Norden
754 Der Missionar Bonifatius wird von den Friesen erschlagen.
780 erlässt Karl der Große die „Capitulatio de partibus Saxconiae“
785 Unterwerfung durch Karl dem Großen
814 Die Friesen erhalten von Ludwig dem Frommen ihre Rechte zurück.
873 Die Friesen versicherten, dass sie als „Königszinser“ nur König Ludwig einen Zins zu zahlen hätten

Der Klimawandel zwingt zu neuen Denkmodellen

Früheste Ansätze zum Schutz vor der See durch Deiche hat es schon in den ersten Jahrhunderten nach Christi Geburt gegeben. In der Region Cuxhaven fand man einen 40 Meter langen Deich, der einen Hofplatz zu ebener Erde vor den Fluten sicherte. Der eigentliche Deichbau begann in der zweiten Hälfte des 11. Jahrhunderts. Aufgrund der erhöhten Temperaturen während der MWP schmolz das Eis der Ozeane, was den Wikingern erlaubte, Grönland zu besiedeln, was aber auch den Meeresspiegel und die Gefahr einer Überflutung steigen ließ. Mit bis zu 1,20 Meter Höhe waren die Deiche aus heutiger Sicht niedrig, aber ausreichend, um die Winterfluten abzuhalten. Mit Beginn der MWP begann der Deichbau, der die hohen Wohnwurten ersetzte.[39]

Wie beschrieben, war es für ein Überleben der Bewohner unumgänglich, aus dem Landesinneren in die Nordsee zu entwässern. Gleichzeitig sollte aber das salzige Seewasser so weit wie möglich vor dem Außendeich bleiben. Somit erfordert der Deichbau ein tideabhängiges System, das nur während der Ebbe entwässert. Zugleich sollten die Deiche als Sperrriegel für den Wasserlauf in beide Richtungen dienen. Dafür konstruierten die Bewohner nach dem Aufschichten der Erdhügel Deichschleusen, sogenannte Siele. In der Anfangszeit fanden ausgehöhlte, mit einer Klappe versehene Baumstämme dafür Verwendung. Der Nachweis derartiger Holzsiele ist heute kaum noch möglich. Allerdings finden sich im gesamten Küstenbereich auf Höhe der Außendeichlinie Ortschaften mit der Endung „-siel“, die auf die Existenz früherer Siele hinweisen. Bevor die heutigen Siel- und Schöpfwerke errichtet wurden, nutzte man Tore ohne mechanischen Antrieb. Abhängig von dem unterschiedlichen Wasserdruck bei Flut und Ebbe öffneten und schlossen sich die Sieltore, ausschließlich

---

39 Behre, 2012, S. 65.

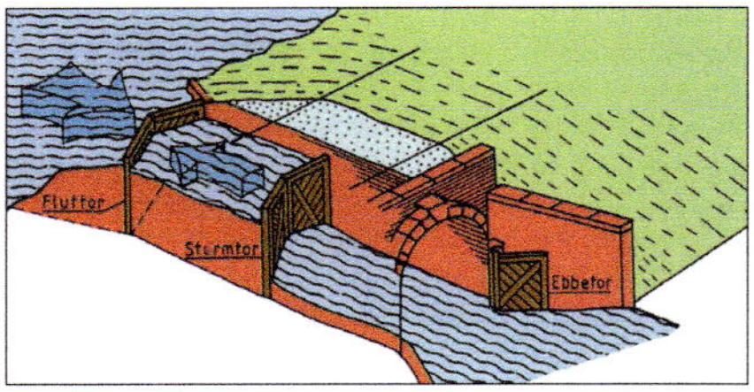

Gewölbesiel aus Ziegelmauerwerk. Bei Sturmflut wird neben dem äußeren Fluttor auch das innere Sturmtor geschlossen, um durch das dazwischen gestaute Wasser das Fluttor vom Druck zu entlasten.

durch Wasserkraft gesteuert. Es wäre zumindest nicht restlos auszuschließen und zugleich eine Sensation, wenn auch bei Tengshausen ein Holzsiel mit einer Klappenmechanik eingebaut worden sein sollte, um bei Ebbe das Wasser aus dem Binnenland in die Nordsee abzuleiten.

Der Deichbau war in vielerlei Hinsicht ein Wendepunkt für Land und Leute in Friesland und es dauerte 200 Jahre, bis dieser Prozess ein vorläufiges Ende fand. Zu Beginn waren lediglich die Wirtschaftsflächen von Deichen umgeben.[40] Mit der Zeit wurden die Wohnwurten durch weitere Deiche miteinander verbunden. Derartige Wirtschafts- und Verbindungsdeiche hat es auch südlich von Tengshausen zwischen Bassens und Minsen gegeben. Im oldenburgischen Urkundenbuch von Jever und Kniphausen von Gustav Rüthning findet sich auf Seite 257 unter der Nummer 552 für das Jahr 1528 die Notiz, dass Pfarrer Eler Boyncks von Minsen über die Deiche der Herdstätte des Haye Tatten zu Bassens urkundet.

Heute kann mitunter der Verlauf dieser Verbindungsdeiche an den alten Wegen und Straßen rekonstruiert werden, da sie häufig dem Verlauf der abgetragenen Deiche folgen *(s. a. S. 30-31).* Auch der Prähistoriker Karl-Heinz Marschalleck beschreibt 1958 in seiner Abhandlung über das Gebiet der Gemeinde Minsen einen *„ältesten bisher feststellbaren Deich im Norden des Wangalandes.“* Dieser beginnt westlich der Gemarkungsgrenze bei Tengshausen (heute Jürgenshausen), verläuft entlang, beziehungsweise

40 Behre, 2012, S. 65.

Es ist durchaus im Bereich der Möglichkeiten, dass auch in Tengshausen bei den geplanten Ausgrabungen 2025 ein Holzsiel gefunden wird.

Das bisher älteste in Deutschland gefundene Siel lag in Stollhamm in Butjadingen und bestand aus einem hohlen Baum mit anschließendem Regulierkasten. Es wurde im 14. Jhdt. gebaut.

auf der Landstraße von Mederns weiter Richtung Minsen gen Osten, um dann bei Hausnummer 10 vor dem Hof Tengshausen (Hausnummer 12) in nordöstlicher Richtung abzubiegen. Unmittelbar anschließend folgt der Deichabschnitt nördlich von Tengshausen, in diesem Bereich „Alter Deich“ benannt. Dieser geht laut Marschalleck nördlich von Minsen und bei Horum in einen Uferwall aus Sand und Muscheln über, der bei Förrien im Nordosten direkt an Minsen grenzt, und zum Teil durch eine große Dorfwarf ersetzt wird.[41]

Waren es anfangs Bauernschaften und kleinere Genossenschaften, die das Verbinden der einzelnen Ringdeiche zwischen den Warften übernahmen, wurde diese Aufgabe später von friesischen Gauen und nachfolgenden Landesgemeinden übernommen.[42] Im 12. Jhdt. wurde der Deichring dann um die ostfriesische Halbinsel, als sogenannter „Goldene Ring“, vollendet. Als Folge war unter anderem ein Wirtschaftsaufschwung in den küstennahen Gebieten zu spüren. Davon prosperierte auch der Siedlungsort Hohenkirchen. Zu der Zeit war Hohenkirchen der Hafen von Jever. Während im Küstengebiet der geschlossene Deichring neue landwirtschaftliche Flächen bescherte, sorgte der aufblühende Seehandel für einen wirtschaftlichen Aufschwung in Hohenkirchen. Der Deichbau brachte den Menschen aber nicht nur Segen. Durch das künstliche Aufstauen der Wassermassen an den Außendeichen erhöhte sich der Druck auf diese immer wieder derart, dass es zu Deichbrüchen kam. Die wahrscheinlich ersten Einbrüche in den Jadebusen und in den Dollart werden an den Anfang und das Ende des 13. Jahrhunderts datiert.[43] Dabei suchte sich das Wasser seinen Weg in das tiefer gelegene Sietland und war aus diesen Regionen nicht mehr heraus zu bekommen. Hatte die See erst einmal ein Siel überwunden, fand es besonders leicht über die Entwässerungstiefs, in Gegenrichtung der Wasserläufe, den Weg in die Moore, die dann

41 Marschalleck, 1958, 3-5.
42 Behre, 2012, S. 196.
43 Behre, 2012, S. 58.

ausgewaschen wurden. Bei den Moorbewohnern, den Morsaten, blieben die durch die Moore bedingten, räumlichen Gegebenheiten unverändert, solange sie von den Fluten nicht ausgeräumt wurden.

Im Gegensatz zur Entstehung der Harlebucht, die ausschließlich natürliche Ursache hatte, ist die Bildung der großen Meeresbuchten anthropogener Natur, also eine Folge menschlichen Eingreifens in die Natur. Die ständig wechselnden räumlichen Begrenzungen sind bei den Wangerländern eine Folge der Vielzahl von Sturmfluten im 13. und 14. Jhdt. Die Datenlage hierzu ist äußerst ungenau. In den Quellen finden Erwähnung: Eine erste Marcellusflut (1219), eine Luciaflut (1287), eine große Flut um 1300, weitere Fluten 1324, am 23. November 1334 (Clemensflut) mit wohl weiteren Überflutungen bis 1338 – zumeist als Folge nicht rechtzeitig restaurierter Deiche, und schließlich die große 2. Marcellusflut, die „Grote Mandränke" am 16. Januar 1362. Salomon äußert den Verdacht, dass die Pestepidemie, die im 14. Jahrhundert überall in Europa wütete, zur Vernachlässigung der Deichpflege führte und dadurch die großen Schäden der „Groten Mandränke" erst möglich gemacht worden sind.[44]

Seit dem frühen 11. Jhdt., vor allem aber im 12. und 13. Jhdt., beginnt der sich schließende Deichring das Siedlungsverhalten der Bevölkerung deutlich zu verändern. Die landwirtschaftlich genutzten Flächen erfuhren eine erhebliche Aufwertung und Ausweitung, Einzelhöfe wurden neu angelegt, der bäuerlichen Wohlstand wuchs. Der Handel mit Agrarprodukten oder beispielsweise dem „Friesischen Tuch" aus Schafswolle, brachte den Bauernhändlern eine deutliche Zunahme ihres Gewinns und stärkte den Handel erheblich. Die Dörfer wurden selbstständiger und autonomer.

44 Salomon, 2004, S. 11.

800 bis 1300 Mittelalterliche Wärmeperiode (MWP)

Jhdt. **1200** — *1200 Der Deichbau (Goldene Ring) wird um die Ostriesische Halbinsel vollendet*

1220 — *1219 Erste Marcellusflut*

1240

1260

1280

1287 Luciaflut

1300

ab 1300 Beginn der kleinen Eiszeit

1320

23. November 1334 Clemensflut mit weiteren Einbrüchen bis 1338

1340

1350 Ausbruch der Pest in Europa (Ende der Epidemie 1353)

1360 — *16. Januar 1362 zweite Marcellusflut, die Grote Mandränke*

1380

1400

1420

1460

1480 — *1480/81 Bau des „Alten Deiches“ bei Tengshausen*

1495 Die Pest erreicht Jever

1500

am 16./17. Januar 1511 Antoni- oder Eisflut mit Deichbruch in Tengshausen

1520

1540

1560

Erste Landrechtsgemeinden entstehen

Durch den Deichbau im 11. und 12. Jhdt. wurden besonders Familien gestärkt, die über umfangreichen Besitz, hohes Ansehen und damit verbunden, hohe Rechtsqualität verfügten. Ihnen allen ist gemeinsam, dass sie ihr eigenes Gut „unberaubt“ innehatten, wie bei dem Historiker Heinrich Schmidt zu lesen ist. Sie sind Eigentümer freier Hofstellen, frei von grundherrlichen Abhängigkeiten und leben als sogenannten „Hausmänner“, auch „Eigenbeerbte“ oder „Eigenerfde“ genannt, in ihren eigenen vier Wänden. Als Rechtsgenossen sind sie verpflichtet, an Gerichtsprozessen teilzunehmen. Diese Schicht wird von den besitzenden Bauern gebildet, den freien Friesen, die ihr soziales Selbstbewusstsein aus den Rechtsüberlieferungen und dem Selbstverständnis von der Freiheit der Friesen herleiten.[45]

Die rechtliche Gleichstellung bedeutet nicht automatisch auch gleiche Machtbefugnis, gleiches Ansehen und gleichen Einfluss. Alle Freien bilden eine Genossenschaft, in der verwandtschaftliche Bindungen, die Eigentumsverhältnisse und das allgemeine Ansehen von Bedeutung gewesen sein werden. Sicher war es von Vorteil, eine Beziehung zu einer wohlhabenden, mächtigen Familie vorweisen zu können.[46]

Der Scholaster Adam von Bremen erwähnt, dass die Friesen keinen Herzog und keine Grafen kennen würden, aber der Anteil von Freien an der Gesellschaft außergewöhnlich hoch sei, den gesellschaftlichen Adel, ganz gleich ob niedrig oder hoch, eingeschlossen. Ausgehend von dieser Bevölkerungsschicht aus karolingisch-ottonischer Zeit, führt der Weg zu den Führern im Kampf gegen auswärtige Herren, zu den Stiftern der Klöster und seit der zweiten Hälfte des 12. Jhdts. aller Voraussicht nach auch zu den Organisatoren der Wasserwirtschaft und des Handels.

45 Schmidt, 1975, S. 22.
46 Schmidt, 1973, S. 22.

In weiterer Konsequenz stehen die anfangs nicht adeligen Häuptlingsfamilien seit dem 13. und 14. Jhdt. passend in dieser Linie.[47]

Empfindlichkeit und Handgreiflichkeit lagen noch dicht beieinander und Häuptlingsfamilien standen sich nicht immer freundschaftlich gegenüber. Familienverbände und andere Gemeinschaften trugen ihre Meinungsverschiedenheiten in kriegerischen Scharmützeln aus. Streitigkeiten wurden in einer Fehde ausgetragen, die nach vorgegebenen Regeln erklärt worden sein musste. Um der Blutrache entgegen zu wirken, konnten Täter anhand eines Kataloges die begangene Körperverletzung mit einem Friedensgeld sühnen. Die privat ausgetragenen Streitigkeiten gingen immer auch stark zu Lasten der Bevölkerung. Wurde ein Landfrieden verkündet, waren damit die privaten Familienstreitigkeiten inbegriffen. Die gemeinschaftlich genossenschaftliche Entwicklung wurde so gefestigt und die profilierte Ausbildung der „terrae", der Landesgemeinden des hohen Mittelalters (1000-1250), gefördert.[48] Den Landesgemeinden gehören einzelne Personen oder Verwandtschaften an, denen gegen auswärtige Rechtsverweigerung und Ehrverletzung Rechtshilfe bis hin zum Krieg, genossenschaftlicher Schutz geleistet wird. Das heißt: Die genossenschaftliche Gemeinschaft identifiziert sich mit der Sache des Einzelnen und offenbart damit eine kollektive Ehre, die mit dem Recht der Genossen gekränkt werden kann, dann aber Wiederherstellung und Heilung durch gemeinsames Handeln erfordert.[49]

Das 12. Jhdt. bleibt wegen fehlender Quellen für uns weitestgehend unbekannt. Allerdings berichtet eine Östringer Chronik aus dem 13. Jhdt. über einen Zwischenfall, der sich 1148 bei einer Beerdigung ereignet hat. Danach soll ein „edler Jüngling" aus dem Wangerland versehentlich einen ebenfalls „edlen Jüngling" aus Östringen, einen Hillert aus Sillenstede, getötet haben.[50] Anfangs entsendet die Verwandtschaft des Getöteten

47 Ehbrecht, 2003, S. 162.
48 Schmidt, 1973 S. 23.
49 Schmidt, 1975, S. 30/3.
50 Woebcken, 1919, S. 6.

eine übermäßig große Abordnung, um das Sühnegeld für den Totschlag einzufordern. Die Gegenseite reagiert gewalttätig und ehrverletzend, tötet einige Gesandte und schlägt andere ohne Kleider in die Flucht. Die Angelegenheit entwickelt sich zur blutigen „Östringer Fehde" mit den Rüstringern als Hauptgegner der Östringer. 1153 zieht der Graf von Oldenburg mit einem großen Heer, darunter nordwestdeutscher, gegen die Bauern solidarisierter Adel, nach Östringen – wird dort aber schwer geschlagen. In der Hoffnung, alte gräfliche Herrschaftsrechte durchsetzen zu können, schaltet sich Herzog Heinrich der Löwe (1129/31–1195) drei Jahre später ein und wird ebenfalls entscheidend bei Brakel geschlagen. Letztendlich kommt es nach 30 Jahren Krieg zwischen Östringen und Rüstringen zu einem Friedensschluss.[51]

Anhand der „Östringer Fehde" können wir gemeinschaftliches Handeln regionaler Personalverbände mit unterschiedlichen Wurzeln erkennen. Die Bedingungen zur Entstehung der Personalverbände können verwandtschaftlicher Natur sein, wie eine Sippen- und Stammeszugehörigkeit der Rüstringer gegen die Östringer oder politischen Ursprungs – Adel gegen Bauern – oder wohnortbedingt (Moor, Insellage etc.).

In der Zeit des hohen Mittelalters waren auch externe Herzöge und Grafen bestrebt, ihre Rechte durchzusetzen und auszudehnen. Der Sachsenherzog Bernhard II. (nach 990–1059) aus der Familie der Billunger hatte die Grafenrechte von Östringen inne, das südlich an das Wangerland angrenzt. Vermutlich 1058 mahnte er die Friesen, ihm den rechtlich zustehenden Zins zu zahlen. Offenkundig konnten oder wollten aber die Östringer den Zins in der geforderten Höhe nicht aufbringen. Es kam zu Verhandlungen und Erzbischof Adalbert von Bremen (um 1000–1072) taucht als Begleiter auf, um als Vermittler zu fungieren. Obwohl von einer Kompromisssumme die Rede ist, bleibt Bernhard II. hart und

51 Behre 2012, S. 198; Schmidt, 1975, S. 29.

Bernhard II. aus der Familie der Billunger

unnachgiebig. Da packt die Friesen die Wut und sie greifen zum Schwert, um ihre Freiheit zu verteidigen, wie Adam von Bremen (1050–verm. 1081/1085) es formuliert. Viele Invasoren werden erschlagen, die Lager des Herzogs und des Erzbischofs werden geplündert und alle in die Flucht geschlagen. Die Durchsetzung seines Rechtsanspruches endet für Herzog Bernhard II. mit einem Fiasko.[52]

Oberflächlich betrachtet, scheint die Episode beispielhaft für den Freiheitsgedanken zu stehen, der schon damals für die Friesen so wichtig gewesen war. Aber warum war auch der Erzbischof verjagt worden? Als Vermittler wäre es seine Aufgabe gewesen, unparteiisch zu sein. Dass auch er den Unwillen der Friesen auf sich gezogen hat, lässt darauf schließen, dass der Herzog und der Erzbischof in den Verhandlungen mit einer Stimme sprachen und dadurch die Verhandlungsbereitschaft der Friesen überstrapazierten. Vermutlich haben keine Verhandlungen auf Augenhöhe zwischen zwei gleichberechtigten Parteien stattgefunden, sondern es wurde allein eine Zahlungsaufforderung von der einen Seite an die Adresse der anderen ausgesprochen.

Wiederkehrend erleben wir in der Geschichte, zuletzt während des Russisch-Ukrainischen Krieges oder beim israelisch-palästinensischen Konflikt, dass die Ursache kriegerischer Auseinandersetzung in der Missachtung der Identität eines Volksstammes als Vertragspartner zu suchen ist. In unserem Fall werden sich Herzog und Erzbischof einig gewesen

52 Schmidt, 1975, S. 25.

Die Vernichtung des Sachsenherzogs Bernhard II. und des Erzbischofs Adalbert ist nicht als Zeichen der „Friesischen Freiheit“ sondern als Indikator für die eigene Wertschätzung der Friesen und ihres Stolzes „als Vertragspartner auf Augenhöhe“ zu bewerten.

sein, auf der Gegenseite scheinbar einfachen und ungehobelten Verhandlungsführern gegenüber zu sitzen. Diese Überheblichkeit und Arroganz werden die Friesen gespürt haben. Es geht also weniger um die Freiheit, sondern um gegenseitige Achtung.

Münzprägungen sind ein Beleg und Indikator für Zoll- und Marktprivilegien, die einen wirtschaftlichen Aufschwung dokumentieren. Wenn auswärtige Herrschaftsschaftsträger, wie die niederlothringischen und sächsischen Herzöge, eigenen Gewinn aus ihren Rechten zu ziehen suchten, indem sie Steuern eintrieben, ihren Herrschaftsanspruch ausbauten oder als vermeintliche Schutzherren der Kirche auftraten, immer dann begegneten ihnen die Friesen offensichtlich organisiert und besser bewaffnet.[53] Ein Angriff der Werler Grafen im Jahr 1092 endet mit der Vernichtung des Heeres und dem Tod von Graf Konrad von Werl (um 1040–1092) und dessen Sohn. Damit ging den Werlern die friesische Grafschaft verloren (deren Rechtsanspruch ohnehin zweifelhaft gewesen war), und die Friesen, in diesem Fall die Morsaten, konnten wieder einmal die Unwägbarkeiten ihres Geländes zu ihrem Vorteil nutzen. Das Moor mit der zentral gelegenen Siedlungsinsel, wurde den Gegnern zum Verhängnis.[54] Die antiherrschaftliche Front setzt sich auch im 12. Jhdt. fort. 1101 wird Heinrich von Northeim (um 1055–1101) in die Flucht geschlagen und getötet, als er sein Reichslehen antreten will. Auch König Heinrich V. (1129–1195) wird die schuldige Steuer

53 Ehbrecht, 2003, S. 163.
54 Schmidt, 1975, S. 25-26; Ehbrecht, 2003, S. 164.

versagt. Damit erweist sich das Gebiet westlich der Weser einmal mehr als Kernland der „Friesischen Freiheit“, in dem die Bewohner bereit waren, ihre Reichsfreiheit gegen jeden, diese Unmittelbarkeit unterbrechenden oder begrenzenden Herrschaftsträger, zu verteidigen.[55] Das kulturhistorische Alleinstellungsmerkmal der „Friesischen Freiheit“, gilt bis heute als die Besonderheit Ostfrieslands. Die Helden unserer Geschichte aber, Junge Dure und seine Nachkommen, werden am Ende des Häuptlingszeitalters an sich selbst den Verlust der Friesischen Freiheit erleben und als schicksalhafte Opfer daran zerbrechen.

Im deutschen Sprachraum zeigen die Entwicklung und Ausführung diverser Verfassungen große Parallelitäten.[56] Die friesische Verfassung ist am ehesten mit der Ratsverfassung der Städte vergleichbar, die sehr wahrscheinlich zeitgleich entstanden sind. Sowohl in den Rat einer Stadt, wie auch in ein friesisches Richterkollegium wurde keineswegs jedermann aufgenommen. Die 16 Geschworenen des Landes Rüstringen beispielsweise und die 16 Geschworenen der Stadt Bremen wurden als absolut gleichberechtigt angesehen, wie man aus einem Vertrag von 1220 ersehen kann, den diese durch regelmäßige Treffen mit Leben erfüllen sollten. Dieses Beispiel mag als Beleg dafür dienen, dass Friesen und Hanseaten sich sehr wohl auf Augenhöhe begegnen konnten.

55 Schmidt, 1973, S. 26; Ehbrecht 2003, S. 164
56 Salomon, 2004, S. 8-9

Vom Berufsreiterstand zum Geburtsritterstand

Die Eroberung Frieslands bot dem karolingischen Königtum Gelegenheit, ihre unmittelbare Königsherrschaft gegen hochadelige Machtkonkurrenz auszuweiten. Es waren die Untertanen, die als freier Verband unter unmittelbarer Königsherrschaft standen, im Schutz der Krone lebten und nur ihr und ihren Sachwaltern Dienste, Heerfolge und Abgaben schuldeten. Die Zahl der besitzenden, vor allem der bäuerlichen Leute, war von vornherein in Friesland relativ groß.[57] Jeder freie Grundbesitzer war zum Kriegsdienst verpflichtet, dem sich viele aber schon im 10. Jhdt. entzogen. Sie gaben lieber ihre persönliche Freiheit auf, um dafür ungehindert ihren Grundbesitz bewirtschaften zu können. Zwangsläufig waren die Gaugrafen, die für die Vollzähligkeit der Heerkörper verantwortlich waren, gezwungen, immer mehr Lehnsleute und Unfreie zum Kriegsdienst heranzuziehen.[58]

Um die Wehrfähigkeit, damals Wehrhaftigkeit genannt, zu erlangen, war der Rüstungen und schweren Waffen wegen, ein langes, aufwendiges Training erforderlich. Wurde dieses erfolgreich absolviert, dokumentierte der Ritterschlag als äußere Form die Aufnahme in den Reiterdienst. Mit der Zeit entwickelte sich aus dem Reiterdienst ein Reiter- oder Ritterstand. Es galt als besonders ehrenvoll, diesem anzugehören, und waren bereits Väter und Großväter Angehörige dieses Standes gewesen, wurden sie ritterbürtig genannt.[59]

Als unbedingte Voraussetzung für die Aufnahme in den Ritterstand, galten für Freie wie für Unfreie eine dauerhaft ritterliche Lebensweise. Erst sehr viel später wurde diese Vorbedingung durch die Ritterbürtigkeit ersetzt, von der nur der Kaiser oder Landesfürst entbinden, konnte. Aus dem Berufsreiterstand war ein Geburtsritterstand geworden. Im 16. Jhdt. wurde für diesen zusätzlich der Adelsbegriff üblich.[60] Die Ritterschaft auf

57 Schmidt, S. 12, 13.
58 Reimers, 1914, S. 9.
59 Reimers, 1914, S. 9.
60 Reimers, 1914, S. 9.

dem Land entsprach dem Stand der Patrizier in den Städten. Diese mussten ihre Ratsfähigkeit vorweisen, um eine Turnierfähigkeit zuerkannt zu bekommen. Für beide Gruppen, Ritterschaft und Patrizier, galt gleichermaßen eine fortgesetzt ritterliche Lebensweise. Wurde diese verlassen, bedeutete das den Ausschluss von den Turnieren und den Rechteverlust, ritterliche Waffen und ein Wappen zu führen.

Ende des 15. Jhdts. verloren die ratsfähigen Geschlechter an Ansehen und wurden nicht mehr bedingungslos zu den Turnieren zugelassen. Damit verloren sie auch das Recht, ein Wappen zu führen. Aus dem Recht wurde ein Privileg, das der Kaiser oder Landesfürst vergab. Eine weitere Änderung, die bei der Verleihung der bürgerlichen Wappen auffällt, ist der Wortlaut im Wappenbrief: Dort heißt es nicht mehr „zu allen Turnieren“, sondern lediglich „zu allen ritterlichen Geschefften“.[61]

Wie zuvor bei den ersten Ansätzen von Landrechtsgemeinden bereits erwähnt, kam es 1148 und 1177 im Zuge der blutigen Östringer Fehde zur Ausbildung erster kommunaler Verbände. Für 1177 ist anzunehmen, dass die Versammlung der Geschworenen das Ende der Fehde auf dem Upstalsboom mit einem Mariensiegel bestätigt und besiegelt hat. Dadurch wird eine Siegelführung kommunaler Verbände schon vor 1200 wahrscheinlich. Im Unterschied zu allen bündischen Einigungen damaliger Zeit bis hin zur Hanse oder der Schweizer Eidgenossenschaft, die mit vielen einzelnen Siegeln gesiegelt haben, ist das einzelne Siegel des Upstalsboom ein Beleg für den besonderen Wert dieses Bundes.[62] Die ältesten, noch erhaltenen, friesischen Landessiegel stammen aus Rüstringen (1220) und dem Harlinger Land (1237). Die Landesgemeinden als kommunale Körperschaften verstanden sich zugleich auch als Sakralgemeinschaften, die unter der Herrschaft weltlicher und geistlicher Landespatrone standen und vom Himmel legitimiert waren.[63]

61 Reimers, 1914, S. 10 + 13.
62 Lengen 2003, S. 129-131.
63 Lengen 2003, S. 129.

Siegel des Upstalsboom-Bundes (1324)

Wie oben bereits ausführlich geschildert, waren die Friesen Kampfgenossen der Sachsen, ohne die sie nichts hätten ausrichten können *(s. a. Kapitel: Politische Lebensbedingungen in karolingischer Zeit, ab Seite 32)*. In den mehr als 30 Jahre andauernden Sachsenkriegen (772-804) kämpften die Friesen Seite an Seite mit den Sachsen um ihre Freiheit. Die Sachsen wurden besiegt und unterworfen, behielten aber ihre persönliche Freiheit und die Gleichstellung mit den Franken. Gleiches gilt für die Friesen. In den übrigen deutschen Gebieten dagegen entwickelten sich ein Lehenswesen und eine Fürstenmacht mit Landeshoheit.

Auch wenn nicht pausenlos gekämpft wurde, ohne die Sachsen wäre für die Friesen alleine der Kampf gegen die Franken aussichtslos gewesen. Sie erlitten also dasselbe Schicksal wie die Sachsen. Dennoch nahm die Geschichte in Friesland einen anderen Verlauf. Das Lehenswesen entwickelte sich dort nicht, es kam auch nicht zur Ausbildung eines ritterlichen Adelsstandes. Eine Landeshoheit blieb in Mittel- und Ostfriesland von geringer Bedeutung, weil sie zu schwach war, um sich durchzusetzen. Friesland war und blieb für alle Herrscher weit weg und schwer zugänglich.

Die Gaue wurden von kaiserlichen Grafen verwaltet, die den kaiserlichen Adler im Wappen führen durften und als solche kaiserliche Beamte aber keine Landesfürsten waren. Spätere Landesfürsten waren keine Friesen und wohnten nicht in Friesland. So blieb die zunehmende Selbstständigkeit der friesischen Landesdistrikte aus der Ferne unbeachtet und konnte nicht aufgehalten werden. Die friesische Eigenständigkeit gründete sich auf den grundbesitzenden freien Bauernstand, der stark genug war, alle Gelüste nach Landeshoheit niederzuhalten. Und waren ihnen dennoch fremde Herren aufgezwungen worden, so wurde nicht zugelassen, dass diese sich zu tatsächlichen Landesfürsten entwickeln konnten.[64]

Karl Martell (688-741) hat als fränkischer Führer damals politische Weitsicht bewiesen. Er ließ 734 Abba, den Enkel des Friesenkönigs Radbod, als Vertreter der Friesen nach Stavoren kommen, um die Dinge zu ordnen. Zum Zeichen der Oberhoheit der Franken beschränkte er sich auf eine einzige Zinsforderung, die alle anderen Völker auch zu entrichten hatten. Er gab eine seiner Töchter Abba zur Frau und übertrug ihm das Grafenamt. Die Friesen zahlten also ihren Zins an den Enkel ihres Königs. Für die Franken wiederum war Abba nicht irgendein Graf, sondern der Schwiegersohn ihres Führers. Auf diese Weise war der Verlust der Selbstständigkeit für die Mittelfriesen auf ein Minimum reduziert und erträglich geworden.

Aus militärischer Sicht war die friesische Situation brisant. Das weite Gebiet der ostlauerschen Friesen, vom Laubach bis zur Weser, war bis dato unabhängig und noch nie erobert worden. Aus fränkischer Sicht war die Landesgrenze im Nordosten äußerst instabil. So bot diese Region für die feindseligen Dänen, Normannen, Wikinger und andere Invasoren dauerhaft eine günstige Gelegenheit, in das Frankenland einfallen zu

64 Reimers, 1914, S. 35, 36.

können. Besonders die Bewohner von Ostfriesland, dem heutigen Weser-Ems-Gebiet, sahen sich gezwungen, ihr Land permanent gegen feindliche Eindringlinge von See und gegen den „Blanken Hans" zu verteidigen *(s. S. 37)*. Weil aber Karl Martell den Friesen das Gefühl, unterlegen zu sein, genommen hatte, alle ihre Rechte und Gewohnheiten unangetastet ließ, sie geografisch weit entfernt lebten und ihr Land schwer zugänglich war, blieb bei den Besiegten trotz allem ein Gefühl der Freiheit und Selbstständigkeit erhalten.

Karl Martell, Stammvater der Karolinger und Großvater Karls des Großen.

Karl der Große setzte die Friesenpolitik seines Großvaters Martell fort und übertrug dem Grafen Dietrich, dem Sohn von Abba, seinem Vetter, den militärischen Oberbefehl über ganz Friesland bis zur Weser. Im Frieden von 803 gewährte Kaiser Karl den Friesen das sogenannte Heerfahrtsprivileg, dem zufolge sie als Krieger weder die Ems noch die Weser überschreiten sollten. Auch nach Süden mussten sie nicht weiter gehen, als sie noch am gleichen Tag wieder nach Hause zurückkehren konnten.[65] Damit wurde sichergestellt, dass die grundbesitzenden Bauern für ihr Haus und Hof sorgen konnten. Diese Rechte konnten sich aber erst entfalten, nachdem sein Sohn Ludwig der Fromme den Friesen 814 ihre Rechte zurück gegeben hatte *(s. S. 36)*.

65 Schmidt, 1975, S. 14; Reimers, 1925, S. 32.

Der Mythos von der „Friesischen Freiheit“ hat sich über 1.000 Jahre erhalten, obwohl die ihn stützenden Quellen sich als Fälschungen erwiesen haben und die überlieferten Sagen leicht zu widerlegen sind. Dass so viele Geschichten und Sagen in der Bevölkerung zur friesischen Freiheit bis heute bekannt sind, lässt einen Wahrheitskern vermuten. Dieser mag sich darauf gründen, dass die Friesen in ihrer, für Auswärtige völlig unpassierbaren und von Wasserläufen und Mooren durchzogenen Heimat, militärisch nicht zu bezwingen waren und über Jahrhunderte ohne Landeshoheit und Lehnswesen gelebt haben. Mit diesem Freiheitsbegriff wird heute noch das in der Bevölkerung lebendig gebliebene Geschichtsbewusstsein wachgehalten. In der Tat wurden den Friesen besondere Freiheitsrechte gewährt, aber nicht von Karl dem Großen, sondern von dessen Großvater Karl Martell. Mit Fälschungen historischer Dokumente, mit Sagen und Geschichten, war versucht worden, in einer schriftlosen Zeit zu verhindern, dass die für Friesen wesentlichen und prägenden Ereignisse vor über tausend Jahren in Vergessenheit geraten. Auch wenn die Fakten verfälscht wurden, so ist in der Sache selbst das Bewusstsein in der Bevölkerung dafür nie abgeebbt.

Eine herrschende Schicht bildet sich aus

Die Anfänge des „Lex Frisionum" (eine Gesetzessammlung, die auf Initiative Kaiser Karl des Großen zurückgeht) reichen bis zum Ende des 8. Jhdts.. Es enthält Gesetzestexte, die neben friesischen Rechtsvorschriften, auch in anderen Gesetzen des Reiches wieder zu finden waren. Im „Lex Frisionum" findet bereits die „Marke" als persönliches Zeichen Erwähnung, denn in germanischen Ländern verfügten alle freien Grundbesitzer über ein Kürzel, mit dem sie ihr Eigentum kennzeichneten.[66] Beim Losen ritzten die Besitzer ihre jeweilige Marke in das Stäbchen. Ende des 12. Jhdts. kamen Wappen auf, die weniger Anlass zu Verwechslung gaben und die Marke langsam verdrängten. Dennoch blieben bis zum Ende des 18. Jhdts. die Hausmarken in den Familienwappen erhalten, wie am Beispiel von Grabsteinen *(s. S. 68–69)* gezeigt werden wird.

Der Begriff Wappen leitet sich von dem Wort Waffen ab. Schild und Helm sind notwendige Bestandteile eines Wappens; Helmdecke und Kleinod gehören dazu. Der Schild war so bemalt, dass sein Träger in der Schlacht zweifelsfrei als Freund oder Feind erkannt wurde. Beim Hochadel wurde das Wappen Anfang des 13. Jhdts., beim niederen Adel und den Rittern Ende des 13. Jhdts. erblich und darüber hinaus allgemein üblich.[67] Die Entwicklung der Wappen im alten Deutschen Reich entspricht der Entstehung der Stände. Dabei wurden „Freie Herren" bald zu Vasallen der Fürsten. Die freien Bauern gerieten, teils freiwillig, teils gezwungen, in Leibeigenschaft. Frei blieben nur die Bürger in den Städten, die in keinem persönlichen Verhältnis zu einem Landesherrn standen.

Wie bereits erwähnt, kam es in Friesland dagegen nicht zur Bildung eines Lehnswesens. Entsprechend der Lex Frisionum, blieb dort eine Dreiteilung der Stände bestehen. Die Ende des 12. Jhdts. entstandenen, friesischen

66 Reimers, 1914, S. 5.
67 Reimers, 1914, S. 4.

Küren entsprechen Edelinge, Frilinge und Letslachta. Überträgt man diese drei Schichten in deutschen Landen auf friesische Verhältnisse, so stellt man fest, dass die anders geartete Ständeschichtung bei den Friesen ein eigenes Verhältnis zu den dortigen Ständen entwickelt hat.[68] 1170 taucht erstmalig ein Wappen auf, das nur verliehen werden konnte. War es verliehen, wurde es innerhalb der Familie vererbt und die Reichsunmittelbarkeit blieb bestehen. Sechzig Jahre später ist die Vereinigung von Schild und Helm als äußere Form eines Wappens abgeschlossen.

Grundbesitzende Bauern stellten im Hoch- und Spätmittelalter (1050–1500) die tragende Bevölkerungsschicht in Friesland. Dazu zählten die „Viri nobiles" – die angesehensten, mächtigsten und reichsten Männer der Bevölkerung. Sie hatten das Recht, sich Erbgesessene, Eigenerben oder Arfgeseten zu nennen und stellten eine Art Herrengeschlecht unter den nicht eigenbeerbten Grundbesitzern des Landes dar.[69] Diese bekannten Männer von Ansehen wurden als Hovelinge mit „ehrsam" tituliert. Adelige Persönlichkeiten sprach man hingegen mit „wohledelgeboren", „hochedelgeboren" und „hochwohlgeboren" an.[70] Hovelinge, waren Eigentümer von (besonders) berechtigten Erbgütern. Als Abkömmlinge alter Geschlechter waren sie schildbürtig zu Helm, Schild und Wappen geboren. Das heißt, ihr Recht ein eigenes Wappen führen zu dürfen, war mit dem Recht zum Tragen von Schwert, Schild und Helm verbunden. Diese Berechtigten wurden Ethelinge, Edelinge, Edele, Heerschappen, Eigenerben, Arfgeseten oder Buren genannt.[71] Schildbürtig Geborene, durften neben ihrem Familienzeichen den Adler in ihr Wappen aufnehmen, sobald sie zum Richteramt berechtigt waren.

Die römischen Kaiser führten den Adler als plastische Figur auf einer Stange. Es ist bezeugt, dass Karl der Große, gleich einem Legionsadler, diesen auf dem östlichen Teil seines Kaiserpalastes in Aachen installiert

68 Reimers, 1914, S. 8.
69 Reimers, 1914, S. 122.
70 Reimers, 1914, S. 126.
71 Reimers, 1914, S. 114, 116, 127.

hatte, als Zeichen dafür, dass er mit der kaiserlichen Krone die römische Weltherrschaft übernommen hatte. Der Adler ist das Reichshoheitszeichen von Karl dem Großen bis zum Ende des Heiligen Römischen Reiches im Jahre 1806.

Ende des 14. Jhdts. erscheint der Doppeladler in den Siegeln von Reichsfürsten. Kaiser Sigismund (1368–1437) führte als König den Einfachen, als Kaiser den Doppeladler. 1417 ließ er zwei Siegel mit einem Doppeladler anfertigen und beglaubigte damit die Verschiedenartigkeit eines königlichen und eines kaiserlichen Adlers. Ausschließlich kaiserliche Beamte, wie Burggrafen, Reichsschultheiße, Vögte und Richter durften den kaiserlichen Adler zum Zeichen ihres Amtes in ihrem Wappen tragen.[72] Mit dem Recht, als erbgesessener Friese ein Wappen selbst wählen zu dürfen, bleibt es den Berechtigten dennoch versagt, das Reichshoheitszeichen Adler als Wappenfigur ohne Rechtsgrund anzunehmen. Der Adler wurde ausschließlich vom Kaiser verliehen.[73] Bei Jakobus Reimers (1850–1914) heißt es dazu: *„Alle kaiserlichen Beamte waren reichsunmittelbar und führten als solche das Reichshoheitszeichen, den Adler, als Zeichen ihres Amtes im Siegel und Wappen, die Herzöge als Heerführer und die Grafen, Burggrafen und Reichsschultheiße und Richter.“*[74]

Nun finden sich in Friesland viele Wappen, die neben dem Familienwappen einen halben Adler führen. Die Aufnahme des halben Doppeladlers in das eigene Wappen war ein Recht, keine Pflicht. Er wurde oft in Familienwappen aufgenommen, weil er als Reichshoheitszeichen die kaiserliche Unmittelbarkeit dokumentierte. Man könnte meinen, der halbe Doppeladler sei nur die Hälfte wert und daher minderwertig. Dagegen sprechen Gründe der Zweckmäßigkeit: Der ganze Adler füllt ein Wappen vollständig aus. Ist der ganze Adler im Wappen gewünscht, hat Kaiser Otto IV. (1175–1218) immer den einköpfigen Adler gewählt. Würde man

72 Reimers, 1914, S. 25.
73 Reimers, 1914, S. 136.
74 Reimers 1914, S. 137.

diesen für eine Seite im geteilten Wappen verkleinern, würde er neben den Familienzeichen kümmerlich unbedeutend wirken. Dagegen füllt der halbe Adler eine Schildhälfte vollständig repräsentativ aus. So hat es offensichtlich auch der Richter Simon Cornelis gesehen, der auf dem gespaltenen Schild neben dem halben Adler seine Familienzeichen führt, auf der Rückseite jedoch, ohne seine Familienzeichen, den ganzen Adler zeigt, zum Zeichen seines Richteramtes.[75]

Im Gegensatz zur Entwicklung im deutschen Reich, wo die Schöffenbarfreien (die zum Richteramt berechtigten) weniger wurden, blieb die Anzahl der freien Grundbesitzer in Friesland und damit die Anzahl der zum Richteramt Berechtigten erhalten. Diese gegenläufige Entwicklung erklärt zum einen die geringe Zahl bürgerlicher Adlerwappen im Reich und anderseits die große Anzahl dieser Wappen auf friesischem Boden.[76]

Von Garlich Diuren ist uns kein Wappen bekannt. Aber Ende des 18. Jhdts. kam durch Erbfolge die Westerburg in Groothusen in den Besitz meiner Familie. Die Erbin der Westerburg war berechtigt, den halben Adler in ihrem Wappen zu führen wie auch ihr Ehemann als Deichrichter.[77] Auffallend dabei ist die Helmkrone über dem Wappenschild. Beides, Krone und Schild, passen zwar in die Zeit des 18. Jhdts., die Krone ist bei einem bürgerlichen Wappen jedoch nur dann korrekt, wenn sie rechtmäßig verliehen wurde.[78] Der geschichtliche Hintergrund dieses Allianzwappens, einschließlich der Initialen und deren zeitliche Einordnung, bedarf noch weiterer Nachforschungen. Hingegen ist es gelungen, die Schriftzüge in niederländischer Sprache zu entziffern: *„Gelukig is de mens gewis / Die met zijn deel tevreeden is“ („Glücklich ist der Mensch gewiss / Der mit seinem Teil zufrieden ist“).*

Ein Vir nobilis oder Hoveling war also ein Mann mit hohem Ansehen. Seine Stellung gründete sich auf einen ererbten Grundbesitz mit

75 Reimers, 1914, S. 31.
76 Reimers, 1914, S. 139, 150.
77 Hillert, 2024, S. 194.
78 Volborth, 1992, S. 63.

ursprünglich mehr als 100 Pondematen. Der Grundbesitz war mit „Recht und Herrlichkeit“ ausgestattet, eine Art Herrschaftsrecht, das nicht an den Eigentümer, sondern als dingliches Recht an Grund und Boden gekoppelt war. Zu den Pflichten eines Hoveling gehörte das Richteramt das jährlich umschichtig, später auch dauerhaft, unter allen Hovelingen mit Recht und Herrlichkeit weiter gereicht wurde. Wollte man auf das Amt verzichten, konnte das Richteramt vom Grund und Boden gelöst und frei verkauft werden. Der Käufer einer Berechtigung zum Richteramt konnte und durfte nach dem Ommelander Landrecht mehrere derartiger Rechte auf sich vereinigen.[79]

Der Hoveling, der ein Erbgut besitzt, wird zum Hovetling, wenn er viele Erbgüter und viele Rechte und Herrlichkeiten besitzt. Der Begriff Hovetling läßt sich ableiten vom Hoeftling oder auch hoft, was so viel wie Haupt bedeutet. Genießt der Hovetling das Ansehen seiner Miteingesessenen, wird er schließlich zum Häuptling.[80] Die Häuptlinge, westlich und östlich der Ems, waren „ersam“. Wurden sie zu Rittern geschlagen, wurden sie mit „Her“ angesprochen.[81] In Ostfriesland sind vier Ritter aus dieser Zeit bekannt: Ocko tom Brock der Ältere (1407–1435), Sibo/Sibet von Stedesdorf (1424–1473), Hero Mauritz von Dornum (1330–1410) und Ulrich von Greetsiel (um 1408–1466).[82]

Durch den Verkauf von Recht und Herrlichkeit wurden die Besitzungen unedel und die Eigentümer waren keine Hovelinge mehr. Im Gegensatz dazu vergrößerten Personen, die viele Ämter erworben hatten, zusehends den gesellschaftlichen Abstand zu den Hovelingen. Es waren dies Ämter des Land-, Ober- und Dorfrichters, des Grietmanns, des Bauern-, Siel- und Deichrichters sowie des Jus patronatus, dem Stimmrecht an Pastoreien, Vikarien und Präbenden. In einer Nachricht von 1499 wird das Jus patronatus auch als „Herrlichkeit“ bezeichnet.[83]

79 Reimers, 1914, S. 54.
80 Reimers, 1914, S. 57.
81 Reimers, 1914, S. 107.
82 Reimers, 1914, S. 112.
83 Reimers, 1914, S. 54.

Der ostfriesische Ritter von Greetsiel

Weder einen Vasallenstand, noch eine Ritterschaft als Stand hat es in Ostfriesland gegeben. Die Ritter wohnten auf freien Gütern und gehörten nach dem 16. Jhdt. dem niederen Adel an.[84] War der Ritter dem Adel zu zurechnen, war seinem Namen ein „Ridder" oder „Heer van" vorangestellt. Stand vor dem Namen lediglich ein van, war dieser nicht ohne weiteres dem Adel zu zuzählen.[85]

Hatte ein Ritter in Deutschland ein Gut vom Grafen zu Lehen erhalten, musste er bewaffnete Männer für den Krieg stellen. Nicht so die Edelinge,

84 Reimers, 1914, S. 69.
85 Reimers, 1914, S. 68.

die auf freien Gütern wohnten, denn in Friesland gab es bis zum Mittelalter keine Lehen. Die Begriffe Adel, Edele, Edelinge und Edelleute sind phonetisch gleichlautend, müssen aber unterschieden werden: Während die Ritter wie auch die Edelleute, dem einzigen Adel in Ostfriesland zugerechnet werden müssen, gehören die Heerschappen, Hovelinge, Edelinge und Edele alle zu den nicht adeligen Eigenerben (im westlichen Ostfriesland Buren genannt). Dennoch besitzt der Edelmann nicht mehr Macht oder Rechte als der geringste Eigenerbe, zum Beispiel keine Vorrechte auf Ämter. Es kann also kein Unterschied gemacht werden zwischen Edelleuten und Eigenerben, die den gleichen Stand ausmachen. Der Begriff des Eigenerbes wird 1207 erstmalig urkundlich erwähnt. 1471 werden Eigenerben namentlich genannt.[86]

Im Folgenden soll an Hand von vier Grabsteinen mit Ehrbezeugungen und Wappenbeispielen gezeigt werden, wie zu damaliger Zeit der Nachwelt der gesellschaftliche Rang des Verstorbenen übermittelt worden ist: Weder Petrus Horn, noch seine Frau, verfügten über ein eigenes Wappen bzw. Hauszeichen. Aus diesem Grund bediente man sich des zweiköpfigen Adlers, zu dem ihn die Bestallung als Chirurg legitimierte. Ehrbezeugungen jeglicher Art fehlen für beide Ehepartner vollständig.

Mehne Hedden hatte ein eigenes Hauszeichen, das er mit dem halben Adler in seinem Wappen teilte, weil er als Kircheniurat dazu berechtigt war. Er wird zwar als wohlfürnehm und ehrenfest angesprochen, verfügt aber offenkundig nicht über eigenen Landbesitz in nennenswerter Größe. Es wird daher auch auf seine Frau mit ihrer Herkunft aus der vornehmen Familie Minssen verwiesen.

Lubbe Frerichs und Hedde Tiarcks sind beide Landbesitzer, werden beide als wohlfürnehm, ehr- und achtbar tituliert, und führen beide den halben Adler zusammen mit ihrer Marke im Wappen. Hedde Tiarcks war

86 Reimers, 1914, S. 82.

Jhdt. 1100 – 1120 – 1140 – 1160 – 1180 – 1200 – 1220 – 1240 – 1260 – 1280 – 1300 – 1320 – 1360 – 1380 – 1400 – 1420 – 1440 – 1460

800 bis 1300 Mittelalterliche Wärmeperiode (MWP)

ab 1300 Beginn der kleinen Eiszeit

1148–1177 Östringer Fehde

1100 – 1359 Zeit der Richter

Die Gaue Wangerland, Östringen und Rüstringen verbinden sich mit dem Land der übrigen Friesen, die Redjeven (Ratgeber) übernehmen die Verwaltung der Gaue, Treffen am Upstalsboom

1359 – 1575 Zeit der Häuptlinge

1101 wird Heinrich von Nordheim in die Flucht geschlagen und getötet, als er sein Reichslehen antreten will

1148–1177 30 Jahre „blutige Östringer Fehde" – Ausbildung erster kommunaler Verbände

1170 taucht bei den Friesen erstmalig ein Wappen auf, das nur verliehen werden konnte

1207 Der Begriff des Eigenerbes wird erstmalig urkundlich erwähnt

1217 Friesen brechen mit 100 Schiffen in das Morgenland auf

1220 ältestes, bekanntes, friesisches Landessiegel

1269 mehrere Wangerländer brechen von Hohenkirchen aus zu einer Kreuzfahrt in das Heilige Land auf

1400 die Hanse landet am 6. Mai in Emden

1417 Kaiser Sigismund ließ zwei Siegel mit einem Doppeladler anfertigen

durch sein Amt als Kircheniurat und Polrichter mehrfach für den halben Adler legitimiert.

An dieser Stelle mag eine Richtigstellung angebracht sein: Der halbe Adler, den Friesen bis heute gern in ihrem Wappen zeigen, kann schwerlich von Karl dem Großen (747/748–814) verliehen worden sein, wie gerne behauptet wird, weil die ersten Wappen erst Ende des 12. Jhdts. aufkommen. Das älteste, erhaltene, friesische Landessiegel aus Rüstringen stammt aus dem Jahre 1220. Der Umstand, dass Kaiser Friedrich Barbarossa (1122–1190) das Adlersymbol besonders pflegte, mag der Grund dafür sein, dass die Berechtigung zur Führung des halben Adlers im Wappen vieler Friesen angeblich auf ihn zurückzuführen sei. Der als Marschendichter bekannte Hermann Allmers (1821–1902) bezeichnet in einem Vorwort zum Wurster Wappenbuch diese Deutung bereits als Sage und Reimers bemerkt, dass es vor 1410 den Doppeltadler als Reichshoheitszeichen noch gar nicht gegeben habe.[87]

Wappenbrosche aus Familienbesitz

87 Reimers, 1914, S. 143.

Ein Allianzgrabstein auf dem Friedhof in Pakens von Petrus Horn und seiner Ehefrau Katharina Elisabeth, geb. Hicken. 1712 wurde dem „FÜRSTLICH: ANHALT BESTALTER CHIRURGUS“ Petrus Horn ein zweiköpfiger Doppeladler in den Grabstein in Pakens bei Hooksiel im Wangerland gemeißelt. Im Oberwappen darüber befindet sich ein Visierhelm mit einer Helmzier.

Etwa zur gleichen Zeit wie Petrus Horn wird der „EHRENFESTE u. WOHLFVRNEHME“ Mehne Hedden in Pakens beerdigt worden sein, von dem wir das exakte Todesdatum heute nicht mehr entziffern können. In seinem Wappen finden wir links den halben Adler und rechts sein Hauszeichen.

Lubbe Frerichs verstarb am 29. April 1697 im Alter von 32 Jahren als ehr- und achtbarer, wohlfürnehmer Eigener zu Bottens und Inhaber von Rechten und Ämtern. Sein Wappen zeigt links den halben Adler und rechts seine Marke, auch Hauszeichen genannt, und darüber den Visierhelm.

1672 verstarb Hedde Tiarcks. Auf seinem Grabstein ist zu lesen, dass er ein „EHR und ACTBARER und WOHLFÜRNEHMER" Eigener zu Warfen, Kirchen Jurat und Polrichter zu Pakens gewesen ist. Auch in seinem Wappen sehen wir links den halben Adler und rechts das Hauszeichen von Hedde Tiarks.

Anmerkung: Bewust wurde bei der Ansprache der Wappenseite die Sicht des Betrachters und nicht die heraldisch korrekte Form gewählt.

Steinkirchen – als Zeichen von Wohlstand?

Wahrscheinlich in der zweiten Hälfte des 12. Jhdts. kam es zu einer veränderten Bestattungskultur. Zweihundert nachgewiesene Sarkophage im Gebiet der ostfriesischen Halbinsel, jeder wiegt etwa 800 Kilogramm, ist im Vergleich zu Mitteleuropa eine bemerkenswerte Anzahl; bemerkenswert, weil einerseits die Bestattung in einem Sarkophag aufwendig und kostenintensiv war und andererseits im übrigen Mitteleuropa nur weltlichen und geistlichen Eliten und Würdenträgern dieser Bestattungsaufwand vorbehalten blieb.[88] Dieses archäologische Forschungsergebnis mag belegen, dass mit der dritten Phase der Kirchengründungen im 12. Jhdt. die christliche Kultur in Friesland tiefgreifend etabliert wurde.[89] Die Konjunktur ihres Kirchenbaues spiegelte, besonders in der Mitte des 13. Jhdts., den gewachsenen Wohlstand der Friesen wider.[90]

Die Kirche zum „Heiligen Kreuz“ in Pakens, zu der Hedden und Tiarks gehörten, wurde im ausgehenden 13. Jhdt. gebaut und war damals wie heute, der Mutterkirche in Hohenkirchen zugeordnet. Hohenkirchen galt als Zentrum des kleinsten friesischen Marschengaus. Durch eine schiffbare, tiefe Balje über die Harlebucht mit dem offenen Meer verbunden, war Hohenkirchen bis zum Jahre 1400 ein Hafen, über den Jever seinen Seehandel abwickelte. Die Chronikon Rastense erwähnt 834 eine Kirche zu Wang, wie der Ort damals hieß, deren Nachweis heute nur archäologisch möglich sein dürfte.[91] In einer Urkunde von 1143 wird die Übergabe der „Ecclesia matricularis de wanga“, der Mutterkirche des Wangergaus, vom Erzbischof Adalbero an den Bremer Domdekan dokumentiert.[92]

Kirchen dieser Zeit bestanden aus Holzkonstruktionen mit einem Schilf- oder Strohdach. Dendrochronologische Untersuchungen an Kirchendachstühlen weisen auf den Beginn des Steinkirchenbaus in das

88 Krabath, 2022, S. 196.
89 Mol, 2003, S. 205-213.
90 Schmidt, 1975, S. 33; Lengen, 1996, S. 122.
91 Behre, 2023, S. 231.
92 Runge 1981, S. 1; Preißler, 1994, S. 3-4).

letzte Drittel des 12. Jhdts. hin.[93] Die verwendeten Steine waren, von der Natur eiförmig geschliffene Granitsteine, ursprünglich aus Skandinavien. Diese Findlinge waren entweder während der Eiszeit nach Süden verschoben worden, wo sie unter anderem auch in der friesischen Geest gefunden wurden, oder sie mussten auf dem Wasserweg nach Hohenkirchen transportiert worden sein. Da Hohenkirchen damals über einen Hafen verfügte, ist anzunehmen, dass die Findlinge aus der Geest über das Netz der Wasserstraßen dorthin gelangt sind.

Findling gehälftet und an allen vier Seiten zum Rechteck behauen

Ein Findling geviertelt - man beachte die ausgesägte Ecke unten rechts

Um die Granitfindlinge für den Bau von Kirchenwänden nutzen zu können, mussten sie bearbeitet werden. Dazu wurden sie einmal mittig gespalten oder zersägt, wie man bei Pastor Carl Woebcken (1878–1965) lesen kann.[94] Die gespaltenen Gesteinsbrocken wurden auf vier Seiten korrekt rechtwinklig abgeschlagen, so dass alle Granitblöcke mit ihrer rechteckigen bis quadratischen Frontseite zu einer 1,5 Meter

93 Krabath, 2022, S. 167-226.
94 Woebcken, 1919, S. 55.

dicken, geschlossenen Wand aneinandergefügt werden konnten. Obwohl die Granitblöcke über ein enormes Eigengewicht verfügten, waren die Kirchenwände instabil, vor allem, wenn sie, wie in Hohenkirchen, eine beachtliche Höhe von zehn Metern aufwiesen. Zur Stabilisierung waren von außen angebrachte Maueranker erforderlich. Wenn das Mauerwerk von außen plan und sauber verfugt erschien, so war es, von innen betrachtet, durch die Form der Findlinge buckelig und unregelmäßig, denn die Rückseite des Steins blieb unbearbeitet. Zur Stabilisierung und Verschönerung wurde im Innenraum eine Mauerung dagegengesetzt. Die Besonderheit der Gaukirche zu Hohenkirchen besteht darin, dass sowohl die Innenwand als auch die Außenwand aus Granitblöcken errichtet worden war.[95] In späteren Jahren wurden die Innenwände in den Kirchen mit Ziegelsteinen hochgezogen. Der Zwischenraum zwischen beiden Wänden wurde mit Baumaterial gefüllt. In der zweiten Hälfte des 13. Jhdts. setzte sich der Kirchenbau allein aus Backstein durch.[96]

Die beeindruckenden Maße der romanischen Hallenkirche in Hohenkirchen betrugen innen 10 Meter in der Breite und 39 Meter in der Länge, bis zur Firstspitze erreicht die Kirche eine Höhe von fast 20 Metern.[97] Über die schmalen Kirchenfenster wurde ein Bogen aus Portasandstein gesetzt, der ebenfalls über die Weser herangeschafft worden sein wird.[98] In den Längsseiten befanden sich die Eingangstüren für Männer und Frauen getrennt, wie im ganzen Land üblich.

Wie alle Kirchen auf der ostfriesischen Halbinsel liegt auch in Hohenkirchen die Kirche auf einer 6,30 Meter hohen Warf und bot neben der spirituellen Funktion der Bevölkerung Schutz vor feindlichen Angriffen und hohen Fluten. Mehrfach erkennt man noch heute an den stabilen Eingangstüren sehr solide Verrammelungstechniken als Schutz vor ungebetenen Eindringlingen. Wenn man berücksichtigt, dass 1148–1178

95 Jürgens, 1892, S. 10.
96 Saebens, 1956, S. 9-10.
97 Jürgens, 1892, S. 10; Runge, 1981, S. 1.
98 Runge, 1981, S. 1.

die „Blutige Östringer Fehde“, wahrscheinlich von Hohenkirchen ausgehend, das ganze Land verunsicherte, so scheint die Fertigstellung der Sendkirche 1143, also vor Beginn der Fehde, absolut glaubwürdig.

Die zerstörerische Kraft großer Sturmfluten kannte man bis ins 13. Jhdt. noch nicht. Die erste bekannte Flut kam am 17. November 1218 und eine weitere, am 16. Januar 1219, die als 1. Marcellusflut im Bereich des heutigen Jadebusens große Schäden anrichtete. So macht es Sinn anzunehmen, dass der Bau der Minsener Kirche erst Mitte der ersten Hälfte des 13. Jhdts. begonnen worden ist. Die Kirchen im Wangerland wurden alle als reine Gotteshäuser erbaut. Im Zuge der militärischen Auseinandersetzungen zwischen den Häuptlingsfamilien wurden sie dann 100 Jahre später allmählich zu Wehrkirchen umgewandelt. Weitere 100 Jahre später wurden die Kirchen wieder entfestet. In den Norder Annalen 48-49, ist beispielsweise dokumentiert, dass Graf Edzard am 21. Juli 1496 die Kirche in Westerholt, Kreis Wittmund, beschießen und danach entfesten ließ.[99]

Bischof Ansgar (801–865) soll die Gaukirche in Hohenkirchen zur Sendkirche bestimmt haben. Daraufhin kam zweimal im Jahr der Bremer Domdekan in das Dorf, um in der Kirche Sendgericht zu halten. Ansonsten vertraten Vögte und Richter die Kirche im jährlichen Wechsel. Verhandelt wurden Ehestreitigkeiten und -vergehen, Verstoß gegen die Feiertagsruhe, Kränkungen anderer und ähnliches Fehlverhalten.[100] Unter Berücksichtigung der Gemeindesatzung wurde mit dem Dekan bestimmt, wie die Verfehlungen zu ahnden seien. Der Sendkirche Hohenkirchen waren nach dem Bremer Dekanatsregister von 1420 sieben Kirchspiele des Wangergaus zugeordnet: Mederns, Minsen, Oldorf, Tettens, Wangerooge, Wiarden und Wüppels. Die Kirchen in Minsen und Wiarden waren die ersten Nebenkirchen, die mutmaßlich in der ersten Hälfte des 13. Jhdts.

99 Krabath, 2022, S. 196.
100 Jürgens, 1892, S. 13; Preißler, 1994, S. 4.

mit Steinen aufgebaut wurden.[101] Nach Krabath lassen sich die frühesten Steinbauten in das 12. Jhdt. datieren.[102]

Minsen ist das nördlichste Kirchspiel auf der ostfriesischen Halbinsel. Etwa in dessen Mitte liegt die sieben Meter hohe Kirchwarf, circa einen Meter höher als die Dorfwarf. Der Durchmesser der Dorfwarf misst 220 Meter. Bohrungen belegen diverse Siedlungsschichten: In heidnisch-friesischer Zeit mag ein Holztempel auf der Kirchwarf gestanden haben, gefolgt von einer christlichen Holzkirche.[103] Eine Flachsiedlung aus den ersten Jahrhunderten nach Christus ist wahrscheinlich.[104]

Mit über den Rhein importiertem Tuffstein aus der Gegend von Andernach ergänzte man gerne das Mauerwerk aus Granitfindlingen, bis man lernte, Ziegelsteine im sogenannten Klosterformat herzustellen. Die Produktion der Backsteine erfolgte vor Ort. Mit Blick auf die Klosterkirche ähnlicher Machart in Wittewierum ist davon auszugehen, dass für die Bauzeit 15 bis 20 Jahre erforderlich waren.[105]

Die Minsener Kirche weist entstehungsgeschichtlich gesehen und im Vergleich zu ihrer Mutterkirche einen wesentlichen Unterschied auf: Die Innenwände wurden nicht, wie in Hohenkirchen mit Granitblöcken, sondern mit Backsteinen aufgebaut. Während sich die Wände mit den Findlingen immer wieder als instabil erwiesen und ersetzt werden mussten, blieben die Backsteinwände solide stehen. Eingestürzte Partien in den Findlingswänden wurden durch Ziegelsteine ersetzt. Immer wieder kann man bei den Baukörpern Mischformen aus Granitblöcken, Tuffstein und Mauerziegeln finden.[106]

Erst um 1200 wurde es üblich, Backsteine, wie auch Dachpfannen, an der Baustelle zu brennen. Die Verwendung von Backsteinen weist damit auf ihre Entstehungszeiten hin. So ist die Kirche in Hohenkirchen als die älteste der drei genannten Kirchen zeitlich einzuordnen. Trotz veränderter

101 Preißler, 1994, S. 3.
102 Krabath, 2022, S. 193.
103 Marschalleck, 1958, A11; 17.
104 Marschalleck, 1958, A11; 16.
105 Saebens 1956, S. 10.
106 Sander 2003, S. 250.

In der Mitte der Abbildung und unten links verbauter Tuffstein in der Außenmauer der Kirche in Schortens

Ziegelsteine im Klosterformat. Sowohl die Maße, als auch die ziegelrote Farbe und das leicht sandige Material sind kennzeichnend für die Ziegel, auch Backsteine genannt, damaliger Zeit. Die Maße waren stark schwankend mit rund 25 x 15 x 5 cm.

Bauweise ist die Wandstärke in Minsen im Vergleich zu Hohenkirchen mit bis zu 1,50 Meter gleichgeblieben. Außen gemessen erreicht die Kirche eine Länge von 36 Metern und in der Breite 12 Meter. Die Wände sind nahezu 10 Meter hoch und mit dem 7 Meter hohen Satteldach ragt die Kirche fast 17 Meter hoch in den Himmel.[107]

In Wiarden liegt die Kirchwarf mit Kirche auch etwa in der Mitte der Dorfwarf. Mit circa 300 Meter Durchmesser und sechs Metern Höhe ist die Warf eine der größten Dorfwarfen im Wangerland. Sie wird der 1. Warfenperiode zur römischen Kaiserzeit zugeordnet.[108] Die Kirchwarf misst 55 x 60 Meter und ist einen Meter hoch. Auf den Gräbern finden sich frühgeschichtliche Scherben, die auf einen Siedlungsboden schließen lassen, mit dem die Warf aufgeschüttet wurde. Wie auch in Hohenkirchen waren die Vorgänger der heutigen Kirche wahrscheinlich ein heidnischer Holztempel, gefolgt von einer christlichen Holzkirche (10.–13. Jhdt.).[109]

Magister Braunsdorfs, Prediger zu Waddewarden, weist in seinen gesammelten Nachrichten 1896 darauf hin, dass Wiarden seit langer Zeit bekannt gewesen sei und die Kirche *„in späteren Zeiten um vier Fuß erhöht … worden"* ist,[110] was nur bedeuten kann, dass die Fenster nach oben verlängert und die Decke samt Dach angehoben worden war. Über die Gründe für diese aufwendigen Baumaßnahmen können wir nur spekulieren.

Die Kirchen in Hohenkirchen, Minsen und Wiarden sind, wie fast alle Kirchen dieser Zeit in Friesland, auf altem Siedlungsgebiet und nicht auf privatem Grund erbaut. Ergo ist auch in allen drei Fällen keine Privatperson der Bauherr. Vielmehr dürften die Erbauer als Gemeinschaft, oder als Genossenschaftspatronat aufgetreten sein. Gemeinschaftspatronate waren im Wangerland recht verbreitet[111] und ein Grund dafür, warum nur in wenigen Fällen ein Kirchenbauherr oder -Stifter identifiziert werden konnte.[112] Das von Krabath thematisierte Eigenkirchenrecht, wohl identisch mit dem

107 Kowalewsky, 2005, S. 12.
108 Marschalleck, 1958, A15; 36.
109 Marschalleck, 1958, A15; 37.
110 Braunsdorf, 1896, 23. Februar.
111 Sander 2003, S. 248; Schmidt, 1975, S. 33.
112 Krabath, 2022, S. 194.

persönlichen oder dinglichen vererblichen Patronatsrecht,[113] findet hier keine Anwendung, weil keine Einzelperson mit ausreichend wirtschaftlicher Potenz aktiv geworden ist. Es greift also weder das Eigenkirchenrecht, noch wird durch den Bau einer dieser Kirchen das Prestigebedürfnis einer einzelnen Privatperson befriedigt. Dennoch ist es denkbar und wahrscheinlich, dass vereinzelte Mitglieder aus dem Genossenschaftspatronat oder einer anderen Gemeinschaft einen großen Teil der wirtschaftlichen Belastung getragen haben.

Das Gotteshaus in Hohenkirchen wird als Ältestes und Größtes zurecht Mutterkirche genannt. Die „Töchter", sind im Ursprung kleiner, jünger und unterschiedlich groß. Das Erscheinungsbild der Tochterkirche in Minsen ist nahezu identisch mit dem der Mutterkirche in Hohenkirchen und imposanter als das der Tochterkirche in Wiarden. Nun wurde die Kleinere vergrößert – aus heutiger Sicht ohne erkennbaren Grund! Der Umbau war aufwendig und das Ergebnis ausschließlich optischer Natur. Die Kirche wirkte größer, ohne für die Gläubigen nutzbringend größer geworden zu sein.

Weshalb ist die Minsener Kirche am Übergang vom 12. zum 13. Jhdt. an dieser Stelle so monumental ausgefallen? Warum wurde die bestehende Kirche in Wiarden nach oben verlängert? Antwort finden wir bei Krabath, der darauf hinweisst: *„Der Kirchenbau in seiner architektonischen Präsenz, [...]. deutlich über eine reine Notwendigkeit zur Erfüllung spiritueller Aufgaben hinausgeht, ...* ".[114] Er bestätigt die Vermutung, dass wir die Kirchenbauten mit einem innergesellschaftlichen Repräsentationsbedürfnis interpretieren dürfen. Nach Auffassung von Hajo van Lengen können alle drei Kirchen „als Gegenstücke zu den Burgen des Feudalismus" und als Zeugen des Reichtums und Vermögens der Friesen zu damaligen Zeiten dienen.[115]

113 Brockhaus, 1902, X. Band, S. 361.
114 Krabath, 2022, S. 196.
115 Lengen, 1996, S.117; Krabath, 2022, S. 194.

Im Küstenbereich, von der südlichen Nordsee über Dänemark bis zu den norwegischen Fjorden hin, fand eine vergleichbare Entwicklung im Kirchenbau statt. Die mächtigen Kirchen waren vom Meer aus gut zu sehen und boten dem seefahrenden Volk Orientierung.

Die Örtlichkeiten von Hohenkirchen und Minsen verfügten über einen Anschluss zum offenen Meer, der den Seehandel ermöglichte. Bei Hohenkirchen dürfte sich der Hafen in der Nähe des Herrensitzes Landeswarfen befunden haben, bei Minsen befand sich dieser bei Dattershausen, genannt Schillig Hafen. Dort ist im 16. Jhdt. eine Familie Ohmstede auf dem Hof Dattershausen genannt, die auf dem Schillig ein Übersee-Import-Export Geschäft sehr erfolgreich betrieben hat. Die Ohmstedes, direkte Vorfahren über die weibliche Linie von mir, führten den halben Adler links im Wappen und Fortuna rechts. Sie mögen damals eine führende Rolle in ihrem Kirchspiel gespielt haben.[116]

Im 12. Jhdt. wurde der Deichring um die ostfriesische Halbinsel, der „Goldene Ring", vollendet, gefolgt von einem spürbaren Auftrieb der Wirtschaftslage in den küstennahen Gebieten. Von diesem prosperierte auch Hohenkirchen, das aufgrund seiner zentralen Lage in der Mitte des Wangagaues keine neuen, landwirtschaftlich nutzbaren Flächen ausmachen konnte. Damit im Einklang dürfte sich dort aber der Seehandel rasant entwickelt haben. Der wirtschaftliche Auftrieb war in dieser Region vergleichsweise am stärksten.

Ganz anders war die Situation im Kirchspiel Minsen, wo es zu einem erheblichen Zuwachs landwirtschaftlicher Flächen gekommen war. Für das Kirchspiel Wiarden ist zu vermuten, dass sich an der Ostgrenze und im Norden durch die Eindeichung Veränderungen ergeben haben könnten. Zweifellos wird aber auch diese Region vom allgemeinen wirtschaftlichen Aufschwung profitiert haben.

116 Jürgens, 1954, S. 7; Woebcken, 1937, S. 4.

Es gehörte im späten Mittelalter noch überall im Land zum üblichen Bild, dass sich ein Schloss oder eine Burg in räumlicher Nähe zur Kirche befand. In Hohenkirchen sucht man vergebens nach einer Örtlichkeit, die als Sitz einer damals führenden Familie zugeordnet werden könnte. Es soll aber 1390, also über 200 Jahre später, Häuptling Edo Wiemken der Ältere (1382–1415) dem Hilderad Laurens auf Landeswarfen, nur unweit westlich der Kirche gelegen, bei der Befestigung der Gaukirche geholfen haben. Dabei sei auch ein doppelter Graben angelegt worden.[117] Ein doppelter oder mehrere Meter breiter Graben wäre als Hinweis zu werten, dass es sich, wie es bei Landeswarfen der Fall zu sein scheint, um ein Abgabenfreies, mit Recht und Herrlichkeit ausgestattetes, Landgut gehandelt haben dürfte. Diese Angaben sind heute nicht nachweisbar. Schriftliche Überlieferungen aus der Zeit existieren nur vereinzelt: In der „Chronica Jeverensis" wird auf Seite 44 eine Burg in Hohenkirchen im Westen als Wohnsitz des Didde Lubsen erwähnt, der zu Zeiten von Tanno Duren dort Regent über das Hohenkircher Kirchspiel gewesen ist. Magister Braunsdorf berichtet in der Beilage Nr. 46 des „Jeverschen Wochenblattes" nebst der Zeitung „Jeverländische Nachrichten" vom 23. Februar 1896, Edo Wiemken d. Ä. habe bald nach der Regierungsübernahme, wie damals üblich, die Kirche in Hohenkirchen befestigt.

In der Lütetsburger Chronik erwähnt v. Alvensleben, als Verfasser der Knyphauser Familienchronik, Grote Onn(e)ken (1350–1405) als ersten geschichtlich bekannten Vertreter des Knyphausenschen Mannesstammes. Sein Machtbereich, der damals wohl der bedeutendste gewesen war, soll sich unter anderem auch auf Hohenkirchen erstreckt haben.[118]

Für Minsen ist nach heutigem Wissensstand weder ein Häuptlingssitz noch ein Steinhaus oder Landsitz einer führenden Familie mit Recht und Herrlichkeit im 13. Jhdt. bekannt. Erst etwa 250 Jahre später um das Jahr

117 Preißler, 1994, S. 4.
118 Alvensleben, 1955 S. 15.

1460 wird sich Junge Dure, Häuptling aus Butjadingen, mit Zustimmung des Häuptlings Tanno Dure aus Jever als Kaperfahrer in Tengshausen niederlassen.[119] Dazu siedelte er im Außengroden von Bassens und errichtete dort eine Burg, sehr wahrscheinlich aus Steinen. In Teil III werde ich darauf noch ausführlich eingehen.

Bei Carl Woebcken (1878–1965) ist verschiedentlich zu lesen, dass der Kirchhof zu Minsen durch einen umlaufenden Graben befestigt gewesen war. Der Dorfhäuptling Garlich Diuren, der Sohn von Junge Dure, habe den Zugang über diesen Wassergraben abgerissen nebst Steintor und Eisengitter, um das Baumaterial für eigene Zwecke zu verwenden.[120] Gleiches ist im Historienkalender aus dem Jahr 1865, Jever, Druck E.L. Mettcker u. Söhne, zu lesen.

Bei Marschalleck erfahren wir, dass vielfach in der Häuptlingszeit im 14. und 15. Jhd. die Kirchen mit Wall und Graben umgeben wurden. Spuren einer solchen Befestigung sind in Wiarden archäologisch nachweisbar.[121] Dort trennt heute südlich der Kirche die neue Straße ein Areal ab, das mit breiten Graften versehen, ursprünglich ein Häuptlingssitz und später ein adeligfreies Gut gewesen sein soll. Um 1600 hieß der Eigentümer von Schwarzenburg.[122] Es könnte sich hierbei allerdings um einen Schreibfehler von Marschalleck handeln, denn Carl Woebcken erwähnt einen Freiherrn Wilhelm von Schwartzenberg aus Westfriesland, nach dem eine Landstelle in Wiarden, die damals zu Fischhausen gehörte, benannt sei.[123]

Das Urkataster zeigt noch die alte Situation: Der alte Weg, Mahnweg genannt, führt im Norden bogenförmig an der Pastorei und der Kirche vorbei und weiter um den Warf mit dem vermuteten Steinhaus herum. Diese örtlichen Gegebenheiten sind vergleichbar mit der Dreiheit von Kirche, Pastorei und vermutetem Steinhaus im benachbarten Pakens.[124]

---

119 Salomon, 2007, S. 105.
120 Woebcken, 24.9.1937; Woebcken, 1961, S. 139; Woebcken, 1954, S. 18.
121 Marschalleck, 1958, S. 6.
122 Marschalleck, 1958, A15; 38.
123 Woebcken, 1919, S. 146

Nichts spricht dafür, dass die drei vorgestellten, friesischen Kirchen (Hohenkirchen, Wiarden, Minsen) als Wehrkirchen geplant und gebaut wurden.[125] Allen ist gemeinsam, dass heute keine Spuren der damaligen Befestigungsmaßnahmen im Außenbereich erkennbar sind.

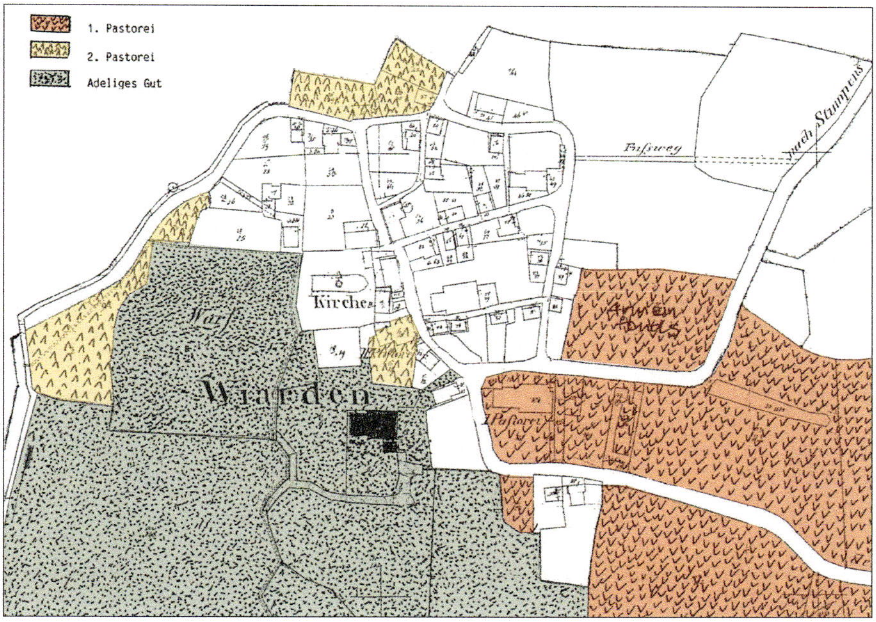

Urkataster von Wiarden aus „Führungsschichten im Jeverland" von Salomon[125].

124 Salomon, 2004, S. 44.
125 Saebens, 1956, S. 10.

Der Kirchenumbau in Wiarden muss als Zeichen für Wohlstand und Selbstbewusstsein interpretiert werden.

Die romanische Gaukirche in Hohenkirchen wurde von Bischof Ansgar (oben) zur Sendkirche bestimmt. (Foto: Axel Bürgener)

Oben: Außenansicht der Kirche in Wiarden von mit aus statischen Gründen freistehendem Glockenturm, wie bei allen anderen Kirchen im Wangerland auch. Heute noch ist die ursprüngliche Fensterhöhe in Wiarden gut zu erkennen. (rechts).

Links: Kirche in Minsen vom Südosten aus gesehen.

Der Wanga Gau

Der Wanga Gau, heute Wangerland genannt, ist von jeher für seine hochwertigen Agrarprodukte bekannt. Während und nach der MWP betrieben die Friesen als führendes Seefahrer- und Handelsvolk an der Nordsee ganzjährig einen bedeutenden Seehandel, den sie über den Hafen in Hohenkirchen ausübten. Aber nicht nur der Handel wurde über den Hafen abgewickelt.

Will man der Annahme einiger Heimatforscher folgen, dass die Insel Borkna identisch ist mit der Insel Borkum, so soll sich dort im Jahre 1227 eine Kreuzfahrerflotte gesammelt haben.[126] Carl Woebcken spricht von über 100 Schiffen, die in das Morgenland 1217 aufgebrochen seien.[127] Sowohl diese Zahl, als auch die hoch gelobte, reine Frömmigkeit der Friesen darf bezweifelt werden.[128] Der Versuch, Ägypten 1218 zu erobern, war am Ende gescheitert.

In einer Chronik erfahren wir, dass mehrere Wangerländer von Hohenkirchen aus, 1269 zu einer Kreuzfahrt zum Heiligen Land aufbrachen. Es war die zweite Expedition von König Ludwig IX., auch siebenter Kreuzzug genannt. Auch wenn diese Kreuzfahrt in die Entstehungszeit der Steinkirchen im Wangerland fällt, so sollte doch erlaubt sein zu bezweifeln, dass nicht nur tiefe Frömmigkeit die Wangerländer auf die Kreuzfahrtschiffe getrieben hat. Vermutlich sind die kampferprobten und See erfahrenen Friesen auch von einem gerüttelten Maß an Abenteuer- und Entdeckerlust getrieben worden, verbunden mit für Seefahrer typischem Fernweh. Auch die Hoffnung, sich dem zunehmenden Druck der Lebensverhältnisse und allerlei anderer irdischer Nöte durch Erwerb eigenen Besitzes zu entziehen, mag eine Motivation gewesen sein, an einem Kreuzzug teilzunehmen.[129] Jeder Kreuzfahrer hatte neben seiner

126 Fiks, 2015, XIII. Pos. 710.
127 Woebcken, 1919, S. 56.
128 Schmidt, 1975, S. 58.
129 Brockhaus, 1902, X. Bd., S. 719.

Kriegsausrüstung sechs Eimer Butter, eine Speckseite, eine Rinderseite und einen Scheffel Mehl als Marschproviant, und sieben Mark Sterlinge mitzubringen.[130] Zusammen mit flandrischen und englischen Kreuzfahrern unter Graf Wilhelm von Holland und vereint mit den Königen von Jerusalem und Cypern, landeten sie in Ägypten.[131]

Ob die Kreuzfahrer 1269 gewusst haben, dass bereits 25 Jahren zuvor 1244 zum letzten Mal Jerusalem den Franken für immer verloren gegangen war und seit gut zehn Jahren die Mongolen im Heiligen Land wüteten? In einer dramatischen Schlacht wurden die Kreuzfahrer 1291 aus dem Hafen von Akkon vertrieben. Sie konnten sich nach Zypern absetzen und haben so für immer das Heilige Land verlassen.[132]

Hatten die Friesen in der Vergangenheit zu jeder Zeit Wert daraufgelegt, das Land zu Kriegshandlungen nicht verlassen zu müssen, um am Abend eines jeden Tages wieder zu Hause auf dem eigenen Hof sein zu können, so scheint diese Argumentation, als es um die Kreuzzüge ging, in Vergessenheit geraten zu sein. Mit dem Hinweis auf die notwendige Deichpflege waren die Sonderrechte den Friesen immer zugestanden worden. Heute wird niemand mehr feststellen können, ob eine Vernachlässigung der Deiche auf Grund des Kreuzzuges, die Schäden durch die Marcellusflut 1219 oder der Luciaflut 1287 begünstigt hat.

---

130 Preißler 1994, S. 4; Alvensleben, 1955, S. 17.
131 Brockhaus, 1902, X. Bd., S. 720.
132 Maalouf, 2003/04, S. 296.

TEIL II

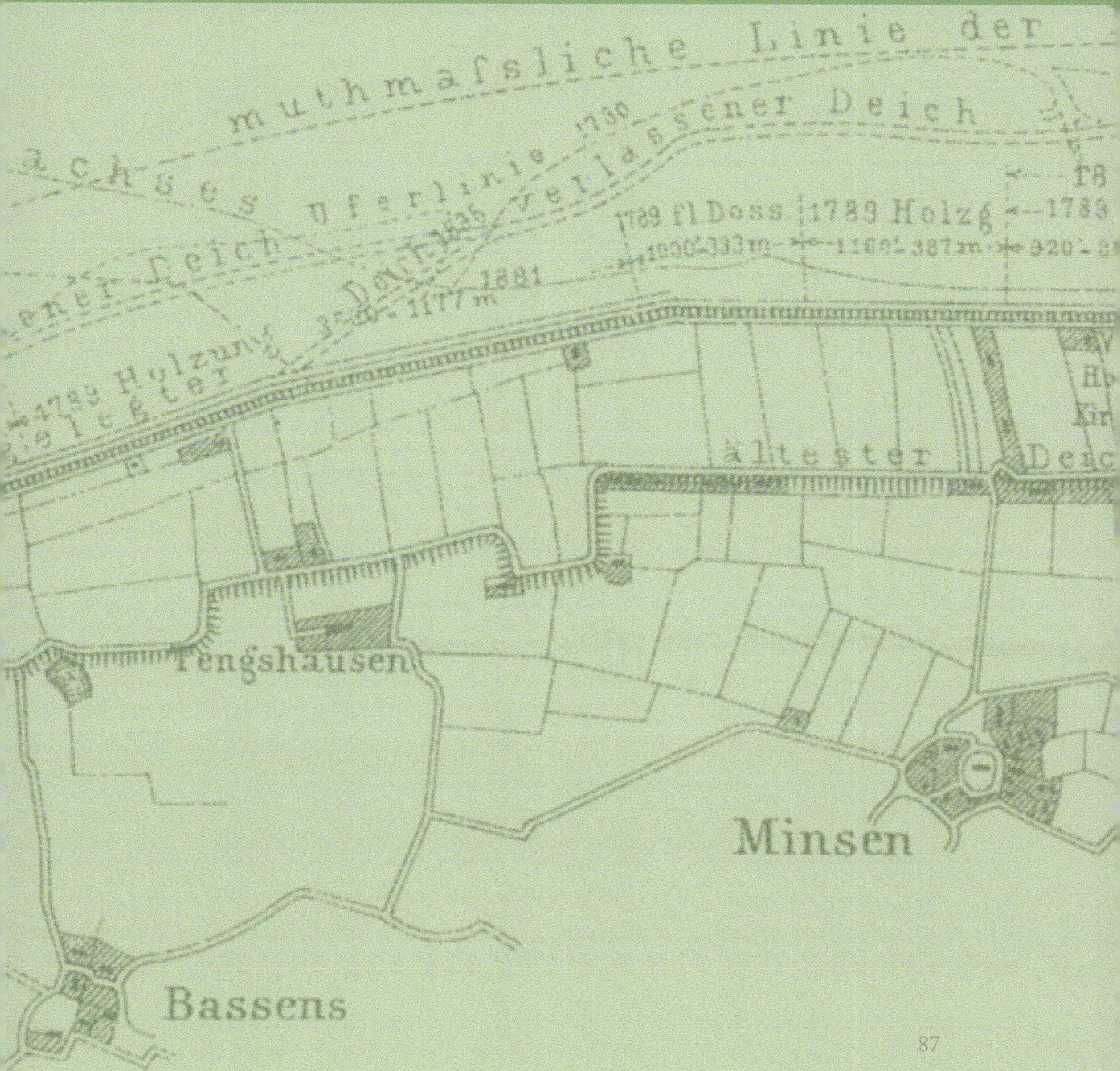

muthmafsliche Linie der
verlassener Deich
Uferlinie
1789 fl.Doss
1789 Holzg
1881
1789 Holzung
ältester Deich
Tengshausen
Minsen
Bassens

Ein Kaperfahrer aus Blutjadingen

Als die Pest 1346 bis 1353 unzählige Menschen in Friesland dahinraffte und zu allem Unglück die zweite Marcellusflut das Land zwei Tage lang überflutete und zerstörte, kam es bis zum Ende des 14. Jhdts. zu einer Misswirtschaft einhergehend mit Besitzverlust, Bevölkerungsrückgang und Verwahrlosung.[133] Für die einen brachte die Pest Tod und wirtschaftlichen Untergang, für die anderen neue, ungeahnte Chancen, Besitz und Wohlstand zu erlangen. Die Verdichtung unter den Erbberechtigten führte zum Anwachsen des Grundbesitzes, der das Ansehen und den Einfluss Einzelner hob. Die Verdünnung in der Bevölkerung schuf Freiräume, die andere wiederum anlockten. Vor allem aber wurden die Aufgaben der Allgemeinheit vernachlässigt. Almuth Salomon glaubt, dass die Folgen der zweiten Marcellusflut deshalb so katastrophal wurden, weil pestbedingt, die Deiche nicht ausreichend gepflegt worden waren. In dieser unruhigen Zeit erwies sich eine stets wechselnde politische Führung der Landesgemeinden als zu schwach und der Ruf nach einer festen Führungspersönlichkeit wurde laut. Im Jahre 1355 wählten alle Thingpflichtigen, also Besitzer von Grund und Boden, in Rüstringen Edo Wiemken d. Ä. (1382–1415) zum Richter auf Lebenszeit und Capitaneus gegen die Grafen von Oldenburg. Sie übergaben ihm die Wehrkirche in Bant im südwestlichsten Teil des Rüstringer Gaues, auch Bovenjadingen genannt. Damit vollzieht sich Mitte des 14. Jhdts. der Wandel von der Konsulatsverwaltung zur Häuptlingsherrschaft.[134]

Auch im nördlichen Butjadingen hatte sich eine Häuptlingsherrschaft entwickelt. Hier verfügten zahlreiche kleine Häuptlinge oft nur über ein Kirchspiel, dessen Kirche sie besetzten und zu ihrem Sitz ausbauten.[135] Butjadingen gehörte zu dem freien friesischen Land Rüstringen,

133 Salomon, 2004, S. 10; Mol, 2003, S. 235.
134 Heckmann, 1983; Schmidt,1975, S. 32.
135 Behre, 2012, S. 207.

im nördlichsten Teil des Landes. Im Süden war das Land durch große Moorflächen abgeriegelt und daher ausschließlich von der Nordsee aus besiedelt worden.[136] Die zweite Marcellusflut 1362, auch wegen ihrer verheerenden Zerstörungen „Große Manntränke" („Grote Mandränke") genannt, riss nach allen Seiten hin den Jadebusen auf und bescherte Butjadingen, wie auch dem benachbarten Stadland, eine Insellage. An der Westküste von Butjadingen, genau dem heutigen Wilhelmshaven gegenüber gelegen, hatte es die Orte Eiswürden und Aldessen gegeben. Beide Orte sind in den Fluten unter gegangen. Aldessen wurde nach 1428 nicht mehr erwähnt. In Eiswürden residierte Häuptling Ranke Duren. Dessen Schwager, Häuptling Edo Wiemken d. Ä., der erste durch freie Wahl ernannte Häuptling, lebte ursprünglich in Dangast, nördlich von Varel am Ufer des heutigen Jadebusens.[137]

Die Friesen hatten schon immer sehr gut von Handel und Kaperfahrten gelebt. Nach 1360 war sogar Erzbischof Albert II. von Bremen als Strandräuber tätig, wurde allerdings dafür rechtskräftig durch die Kurie verurteilt.[138] Darüber hinaus bot die Zollerhebung auf der Unterweser permanent Anlass, sich mit den Nachbarn auseinander setzen zu müssen. Das eine bedingt das andere und als der Handel in der Wirtschaftskrise nach der Pest deutlich zurückging, verlegte man sich auf den lukrativen Seeraub. Handel und Kaperfahrten gehörten in Friesland traditionell zusammen, wobei der Seeraub viele Gesichter kannte. Die einen nannten sich Vitalienbrüder, empfanden sich als Bruderschaft, teilten redlich und sorgten in erster Linie dafür, dass sie oder andere etwas zu essen hatten – daher auch deren niederdeutscher Name Likedeeler, was so viel wie Gleichteiler bedeutet. Andere „Piraten" besaßen eine staatliche Ermächtigung zur Kaperfahrt[139] und fühlten sich als militärische Einheit. Man sprach auch vom Freicorps, von einem Capitaneus geführt, wie zum Beispiel Edo

136 Woebcken, 1919, S. 73.
137 Woebcken, 1919, S. 57 u. 71.
138 Bracker, 2020, S. 38.
139 Brockhaus 1902, XIV. S. 798.

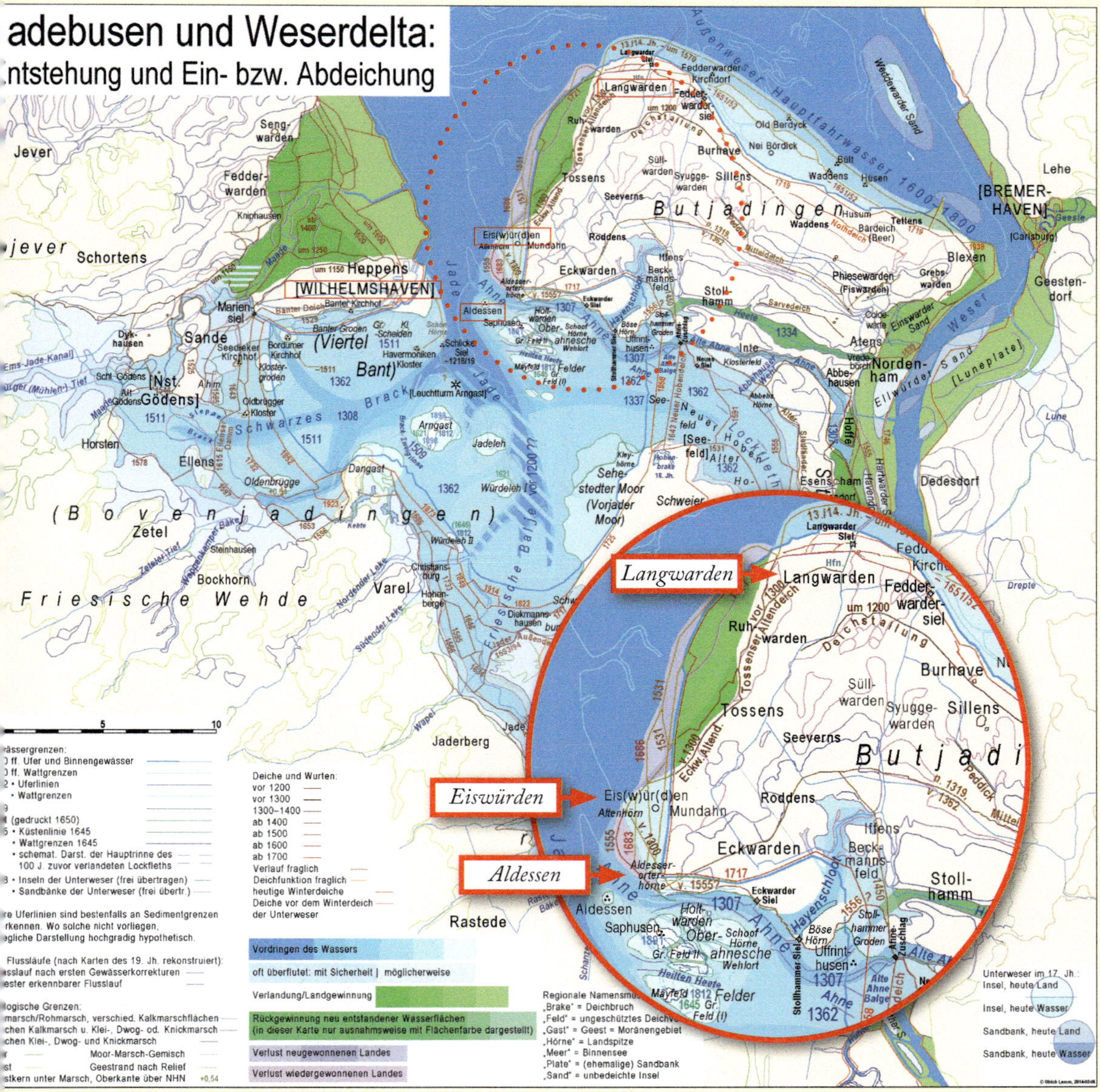

Die Familie von Junge Dure stammt seit vielen Generationen aus Langwarden. Der Schwager von Edo Wiemken d. J. residierte in Eiswürden und in Aldessen wurden regelmäßig die Versammlngen der Häuptlinge abgehalten.

Wiemken einer war. Entsprechend waren sie dem Kriegsrecht unterworfen mit der Zusage, bei einer Todesstrafe geköpft zu werden. Diese Form der „humanen“ Bestrafung war bisher nur dem Adel vorbehalten. Die friesischen Kaperfahrer teilten ihre Beute mit dem Häuptling, der ihnen Schutz gewährte, und sorgten damit auf Landesebene für Einnahmen, denn in Friesland gab es keine andere Obrigkeit, der Steuern zu entrichten gewesen wären. So heißt es von Ranke Duren aus Eiswürden, er sei der größte Räuber auf der Nordsee und sein Schwager Edo Wiemken d. Ä. sei auf diese Weise zu großem Reichtum gekommen.[140]

Das 15. Jahrhundert hielt schwere Zeiten für Friesland bereit. Eine Kriminalisierung der Kaperfahrer hatte gerade erst durch die Hanse begonnen, als am 6. Mai 1400 diese mit ihren Schiffen in Emden landete.[141] Vitalienbrüder werden gefangen genommen, doch viele können, zumeist nach Holland, fliehen. Nur zwei Wochen später, am 23. Mai 1400, beurkunden alle Häuptlinge und Gemeinden Ostfrieslands: Zum einen niemals wieder Vitalienbrüdern Aufenthalt zu gewähren und zum anderen auf ihr Strandrecht für alle Zeiten zu verzichten.[142] Ein weiterer Schlag gegen die Piraterie fand 1435 statt. Die Sibetsburg, nach Tanno Durens Großvater benannt und Wohnsitz Edo Wiemkens, wurde durch die Stadt Bremen vollständig geschleift. Diese Aktion, von der Hanse beauftragt, hatte symbolischen Charakter, weil die Siebetsburg in der gesamten Hanse als Seeräubernest gefürchtet und verhasst war. Dasselbe Schicksal ereilte zuvor schon die Burgen an der Ems. Wie zu vermuten, war mit dieser Strafmaßnahme die Seeräuberei nicht aus der Welt geschafft.

In der Chronica Jeverensis lesen wir auf Seite 43, dass es eine teure Zeit gewesen sei, in der man für eine Tonne Butter drei Tonnen Roggen gab. Unter dem Datum des 5. Februar 1482 finden wir im Urkundenbuch von Ostfriesland den Eintrag, dass Graf Enno von Ostfriesland den Bischof

140 Woebcken, 1919, S. 57 u. 71.
141 Hashagen, 1989 S. 24.
142 Puhle, 1992, S. 122.

von Münster dringend um Hilfe und Unterstützung bittet gegen den drohenden Einfall des Grafen (Gerd) von Oldenburg in Ostfriesland. *„Wegen der großen Theuerung war dieser auf der Suche nach Lebensmitteln.“* [143]

Die Grundlage der friesischen Freiheit aus hochmittelalterlicher Zeit war inzwischen ausgehöhlt und die Landesgemeinden waren als politische Organe ausgeschaltet. Das Verhältnis von Schutzmaßnahmen durch die Häuptlinge einerseits und den zu erbringenden Gegenleistungen durch die Bauern andererseits geriet immer mehr in ein Missverhältnis bei zusätzlich steigender neuer Steuerlast. Gegen diese Entwicklung erhob sich Widerstand. Mag sein, dass die durch die zweite Marcellusflut entstandene Insellage von Butjadingen einen Aufstand in besonderer Weise begünstigte. Jedenfalls kam es um 1418 zu einem großen Bauernaufstand, der ein Jahr später zur Vertreibung der Kirchenhäuptlinge aus Butjadingen führte. „Freiheit“ meint im 15. Jhdt. einzig und allein Steuerfreiheit. Die allgemeine Landessteuer, wie sie in vielen deutschen Herrschaften durchgesetzt werden sollte, hatte im mittelalterlichen Friesland keine Chance.[144]

---

143 Urkundenbuch Ostfrieslands, 5.2.1482, S. 171, Nr. 1086.
144 Lengen 2003, S. 298-299; Behre, 2012, S. 207.

Bau einer Burg im Außengroden von Tengshausen

Almuth Salomon weiß von einem Junge Dure zu berichten, der aus Butjadingen vertrieben und sich um 1460, einen Kilometer westlich von Minsen, im Wangerland angesiedelt haben soll. Es heißt dort: *„Wie von Remmer von Seediek mitgeteilt, war er zu Tanne Durens Zeiten aus Butjadingen vertrieben worden und ins Jeverland gekommen. Das lag nahe, da er ein naher Verwandter war, denn Tanno Duren war der Vetter seines Vaters"*. Junge Durens Vater war Hayo Dursen aus Langwarden, das direkt an der Küste am nördlichsten Punkt von Butjadingen liegt und somit den perfekten Ausgangspunkt für Kaperfahrten bot. Hayos Mutter und zugleich Junge Durens Großmutter hieß Siver. Sie war die Schwester von Ivese, der Mutter des bereits erwähnten Häuptlings Tanno Duren in Jever. Mit anderen Worten: Hayo Dursen war ein Vetter I. Grades von Tanno Dure, dessen Sohn Edo Wiemken d. J. (1454–1511) später Häuptling in Jever und damit zur führenden Persönlichkeit der Region wurde.

Bei Remmer von Seediek heißt es weiter: *„Er (gemeint ist Tanno Dure) vermittelte (Junge) Dures Heirat mit Rixte, einer vermögenden Bürgertochter aus Jever"*.[145] Rixtes Schwester, Uffeke, ist mit Junge Didde Lübben († ca. 1470) verheiratet, der wie Rixtes Schwiegervater ein Vetter I. Grades von Tanno Duren ist. Rixte ist also keineswegs eine gemeine Bürgerstochter, wie Seediek sie beschreibt. Er stellt unseren Protagonisten Junge Dure als Emporkömmling dar, der „nach oben" geheiratet habe und so zu Geld gekommen sei. Es fällt auf, dass die negative Berichterstattung Remmer von Seedieks über Junge Dure und seine Nachkommen von nahezu allen Geschichtsschreibern kritiklos übernommen worden ist. So schreibt Carl Woebcken am 24. September 1937 in seinem Artikel über Minsen im „Jeverschen Wochenblatt", dass Junge Dure ein Bauer aus Butjadingen sei,

145 Salomon, 2007, S. 105.

der mit Rixte, der Schwägerin seines Vetters Didde in Hohenkirchen verheiratet gewesen war und bemerkt dabei nicht, dass dies einen Widerspruch in sich selbst darstellt: Man dachte damals im Wangerland, wie sonst im Land auch, dynastisch und heiratete entsprechend. Junge Dure war also keinesfalls ein Bauer oder Bauernsohn.

Junge Dure und Rixte werden im Nachhinein aus rein politischer Motivation zu Unrecht von Remmer von Seediek verunglimpft.

Dennoch in einem weiteren Beitrag wird Junge Dure wiederum als Bauer aus Butjadingen beschrieben, dem als angeblicher Grund für die Vertreibung Probleme mit der dortigen Obrigkeit nachgesagt wurden.[146] Da Junge selbst zur Oberschicht zählte, dürfte er keine Probleme mit der Führungsschicht gehabt haben. Dass Edo Wiemken von der Siebetsburg und Ranke Duren aus Eiswürden sehr erfahrene und erfolgreiche Kaperfahrer gewesen sind, wissen wir. Wenn Salomon weiter Remmer von Seediek mit den Worten zitiert: *„Er selber erwarb neuen Reichtum, indem er sich auf Kaperfahrt begab"*, so wird hier weiter versucht, Junge Dure von Anbeginn zu diskreditieren. So oder ähnlich wurde Junge Dure bis zum heutigen Tage in die jeversche Geschichtsschreibung aufgenommen.

Hingegen dürften mehr oder weniger alle Vorfahren von Junge Dure auf Kaperfahrt gegangen sein. Seine Familie hat es über Generationen hinweg zu Wohlstand und Ansehen gebracht, anders ist ihr Status als Häuptlingsfamilie nicht zu erklären. Dabei sollte nicht verschwiegen werden, dass Häuptling Tanno Duren regelmäßig seinen Teil von der Beute abbekam. Da die Friesen keine Steuern kannten, waren die Häuptlinge auf die Einnahmen durch den Seeraub angewiesen. Keineswegs erwarb sich Junge Dure hier neuen Reichtum. Er war kein Emporkömmling oder gar

146 Woebcken, Jev. Wochenbl., 24. Sept. 1937.

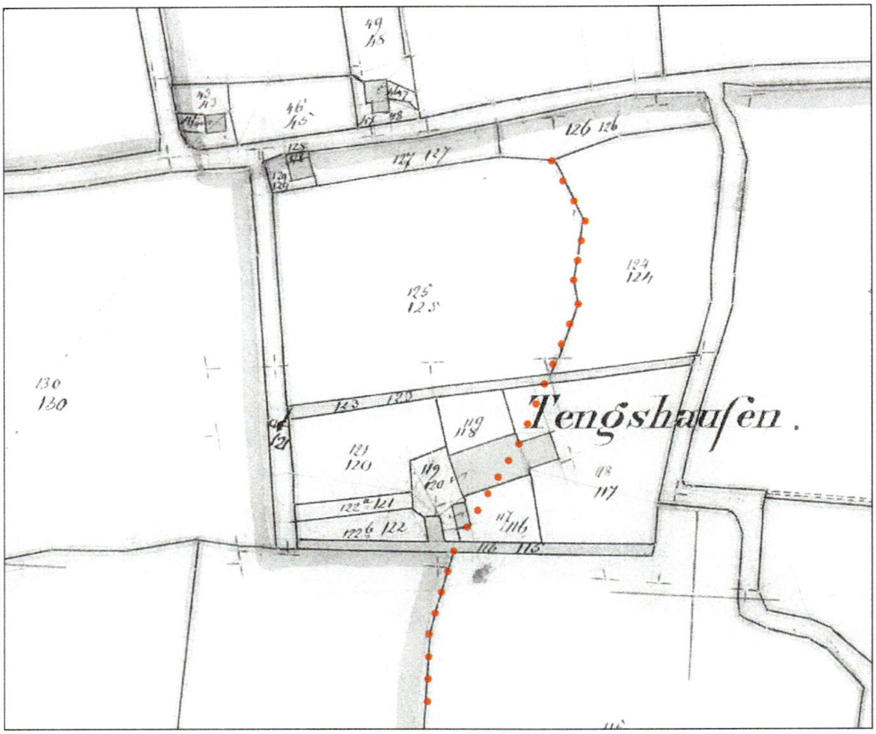

Ausschnitt aus der Urkarte Gemarkung Minsen Flur 9, die gestrichelte Linie zeigt den Verlauf des Priels.

Krimineller, sondern stammte aus einer über viele Generationen angesehenen Häuptlingsfamilie, die wohlhabend war *(s. Stammbaum S. 140–141).*

Kritisch dazu bemerkt Wolfgang Petri in seiner Abhandlung über die letzte Regentin der Herrschaft Jever aus dem Häuptlingsgeschlecht der Wiemkens – Fräulein Maria von Jever (1500–1575) –, dass nahezu sämtliche Nachrichten jener Zeit auf Remmer von Seediek zurückgehen, der eindeutig Marias Position (und Interessen) vertritt und stützt![147] Die damalige Ausrichtung der Politik in Jever beruhte auf Jahrzehnte langer,

147 Petri, 1994, S. 30.

leidvoller Erfahrung mit den Ostfriesen. Nach einer Vielzahl kriegerischer Auseinandersetzungen, Belagerungen der Stadt Jever und schlussendlich einem nicht eingehaltenen Heiratsvertrag (1517)[148] war eine Abgrenzung zu Ostfriesland oberstes Gebot der Politik in Jever geworden. Stigmatisierung und Abgrenzung gegen jede Art von Ostfriesenfreundlichkeit waren die Folge.

Nach der Vertreibung aus Langwarden in Butjadingen versucht Junge Dure von Tengshausen aus, welches vergleichbar zu seinem Heimatort, am nördlichsten Punkt vom Wangerland liegt, die Familientradition der Seeräuberei fortzusetzen. Dazu siedelte er auf einer Warf heute nördlich der Hofstelle Tengshausen, die Burgberg genannt wird, weil dort vor 560 Jahren eine Burg mit Steinen errichtet worden war. Die Relikte dieses „Steinhauses" liegen heute noch im Boden. Eine für 2025 geplante Grabung durch Archäologen soll Klärung schaffen.

Auch an Tengshausen vorbei strömten während der MWP täglich die Wassermassen in die Harlebucht und sorgten so vermutlich für eine relativ gut befahrbare Wasserrinne vor der Nordwestküste vom Wangerland. Die geografische Lage Tengshausen erschien damit zunächst genial. Der große Priel im Außengroden von Bassens, der direkt westlich an der Burg vorbei nach Süden in das Land zog, war für das Landschaftsbild prägend. Noch auf Höhe der Burg verzweigte er sich in mehrere Arme, die dann vermutlich in der Höhe von Bassens deutlich kleiner wurden. Wir wissen, dass der östliche Arm des Priels ursprünglich direkt östlich im Bereich des heutigen Wohnhauses der Hofstelle Tengshausen vorbeigezogen ist. Dieser Priel ist bis heute in allen Karten verzeichnet. Wir können mit einiger Bestimmtheit sagen, dass ein weiterer Arm dieses Priels westlich am heutigen Ende der Scheune nach Süden verlief, auch wenn dieser in den Karten nicht verzeichnet ist.

148 es war der erste Versuch der Ostfriesen, sich nach 1511 Jever durch Heirat zu bemächtigen.

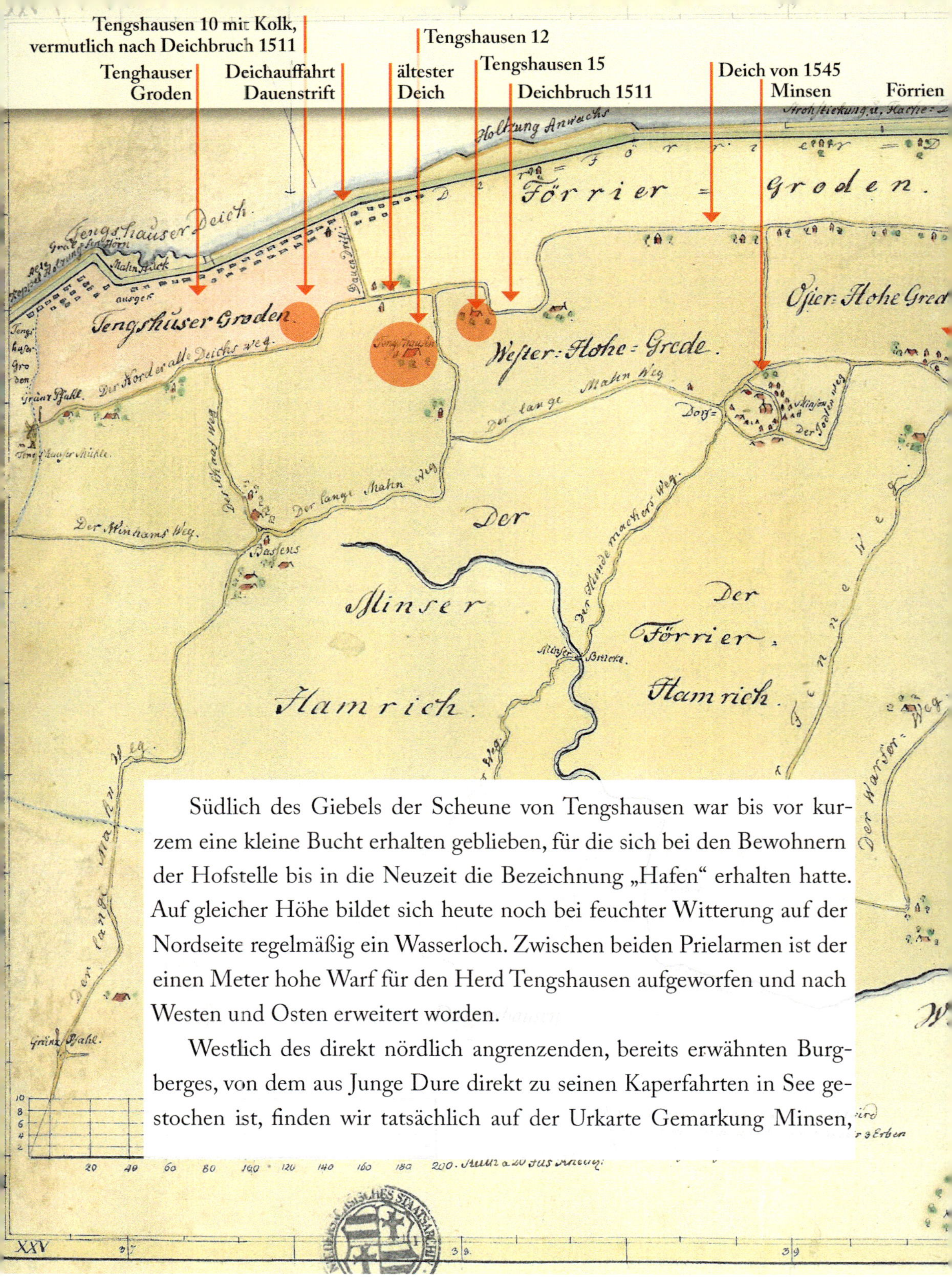

Südlich des Giebels der Scheune von Tengshausen war bis vor kurzem eine kleine Bucht erhalten geblieben, für die sich bei den Bewohnern der Hofstelle bis in die Neuzeit die Bezeichnung „Hafen" erhalten hatte. Auf gleicher Höhe bildet sich heute noch bei feuchter Witterung auf der Nordseite regelmäßig ein Wasserloch. Zwischen beiden Prielarmen ist der einen Meter hohe Warf für den Herd Tengshausen aufgeworfen und nach Westen und Osten erweitert worden.

Westlich des direkt nördlich angrenzenden, bereits erwähnten Burgberges, von dem aus Junge Dure direkt zu seinen Kaperfahrten in See gestochen ist, finden wir tatsächlich auf der Urkarte Gemarkung Minsen,

Flur 9, einen natürlichen und leicht gezackt verlaufenden Entwässerungsgraben, nämlich diesen oben genannten Priel, der in die offene See hinausführt.

Nordwestlich des Burgberges lässt sich heute im Gelände ein Prieltrichter ausmachen, der zu Junge Dures Zeiten befahrbar gewesen sein muss. Es wäre zumindest nicht restlos auszuschließen, wenn auch bei Tengshausen ein Holzsiel mit einer Klappenmechanik eingebaut worden sein sollte, um bei Ebbe das Wasser aus dem Binnenland in die Nordsee abzuleiten.

Zwei Kilometer westlich von Schillig, dem nordöstlichsten Punkt des Wangerlandes, liegt Dattershausen. Von dort aus gelangt man über einen Dwasdiek (Querdeich) in nordöstlicher Richtung bis an den Außendeich und von diesem seeseits weiter in nordwestlicher Richtung auf einen Hafenanleger. Dieser Hafenanleger ist nur auf alten Karten verzeichnet, und wurde zu Zeiten von Maria von Jever regelmäßig genutzt. Bernhard Ohmstede hat in seiner Karte *(s. S. 98-99)* an dieser Stelle eine Holzung außendeichs eingezeichnet!

Auffallend ist, dass von diesem Hafen aus, der nur drei Kilometer östlich von Tengshausen liegt, bis nach Alt Garms-Siel am Westufer der ehemaligen Harlebucht, keine weiteren Hafen- oder Anlegestellen zu finden sind. Alt Garms-Siel markiert bis heute den Ort, an dem ehemals die Fahrrinne von Hohenkirchen in die Harlebucht mündete. Dies mag als Hinweis verstanden werden, dass der Küstenbereich zwischen Alt Garms-Siel und Tengshausen über die Jahre durch die See aufgeschlickt wurde und sich in ein Wattenmeer wandelte, das nur schwer oder gar nicht mit Schiffen befahrbar war.

Junge Dure kannte aus seiner Heimat andere maritime Verhältnisse. Die zweite Marcellusflut hatte den Jadebusen aufgerissen. Daraufhin strömten zweimal täglich riesige Wassermassen in den Jadebusen und wieder zurück ins offene Meer. Eine tiefe Wasserinne vor der Nordwestküste von Butjadingen wurde somit offengehalten. Dem Wangerland dagegen sind die Inseln Wangerooge und Spiekeroog vorgelagert. Eine tiefe Fahrrinne, wie wir sie für Butjadingen im Küstenbereich in nordwestlicher Richtung annehmen dürfen, hatte es allenfalls während der MWP an der Küste des Wangerlandes gegeben, danach aber vermutlich sehr bald nicht mehr.

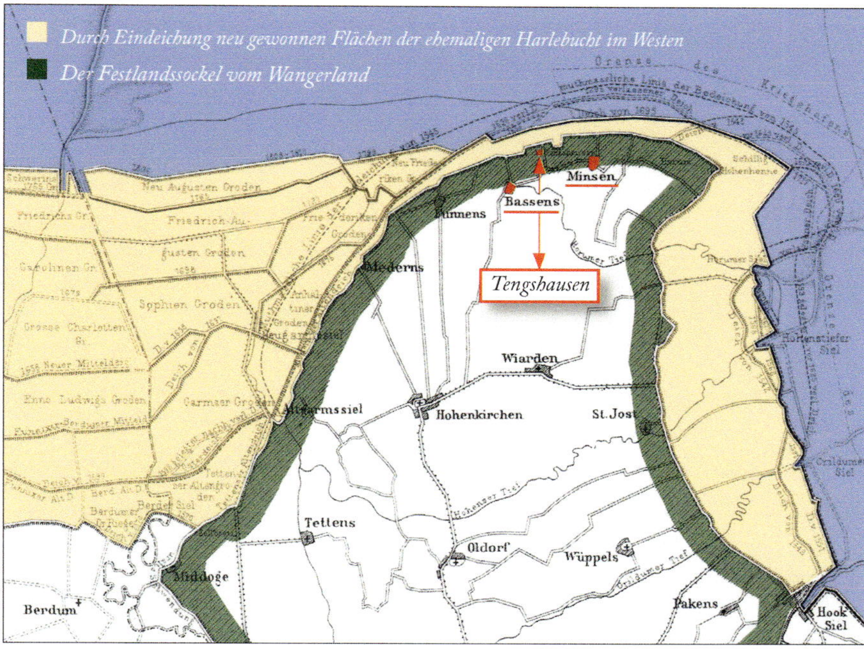

Prieltrichter des ehemals nach Norden entwässernden Priels von Tengshausen vom Alten Deich ausgesehen.

Der „Goldene Ring“ mit verheerenden Folgen für Junge Dure

Zu den ersten Seedeichen verfügen wir nur über spärliche Informationen: Sie waren weder sehr hoch, noch wird es eine sogenannte Deichlinie, die sich dann zu dem berühmten „Goldenen Ring“ entwickeln konnte, gegeben haben. Nehmen wir einmal an, dass der oben beschriebene „älteste Deich“, von Oskar Tenge[149] so bezeichnet, von der Gemarkungsgrenze im Westen bei Jürgenshausen kommend, bei Haus Nr. 10 nicht in nordöstlicher Richtung abbiegt, sondern weiter gerade in Richtung Osten führt, dabei nördlich der Dorfwarf Minsen und Förrien tangierend, an Horum vorbei bis zum Anschluss an den Minser-Oster-Altendeich verläuft, so zeigt sich eine leicht gebogene Linie, die einer alten Uferkante entsprechen könnte. Marschalleck *(s. Abb. rechts)* hatte bereits auf diese aufmerksam gemacht. Auf dieser, dem ursprünglichen Uferwall nachempfundenen Linie würde auch ein Muschelberg liegen, den wir heute noch auf der Hofstelle Tengshausen finden.

In dem Moment, als die niedrigen Wirtschaftsdeiche im 12. Jhdt. Richtung Minsen im Osten und Richtung Mederns im Westen zu einem geschlossenen Deichverband verbunden worden waren, war ein Außengroden als nicht eingedeichte Fläche an der Küste geboren, der mehrfach im Jahr vom Salzwasser überspült wurde. In seiner Südspitze lag der hohe Warf Bassens mit seinen vier Höfen. Gen Norden öffnete sich der Außengroden wie ein Trichter, der von einem Priel versorgt und in die Nordsee entwässert wurde. Der Groden ist, wie oben bereits ausgeführt, ein beliebtes und begehrtes Weideland. Die natürliche Uferkante wird also, von Osten kommend, vor dem großen Priel naturgemäß abgebrochen sein.

149 Oskar Tenge (1832–1913) war als deutscher Oberdeichgräfe und Oberbaurat im Oldenburgischen tätig.

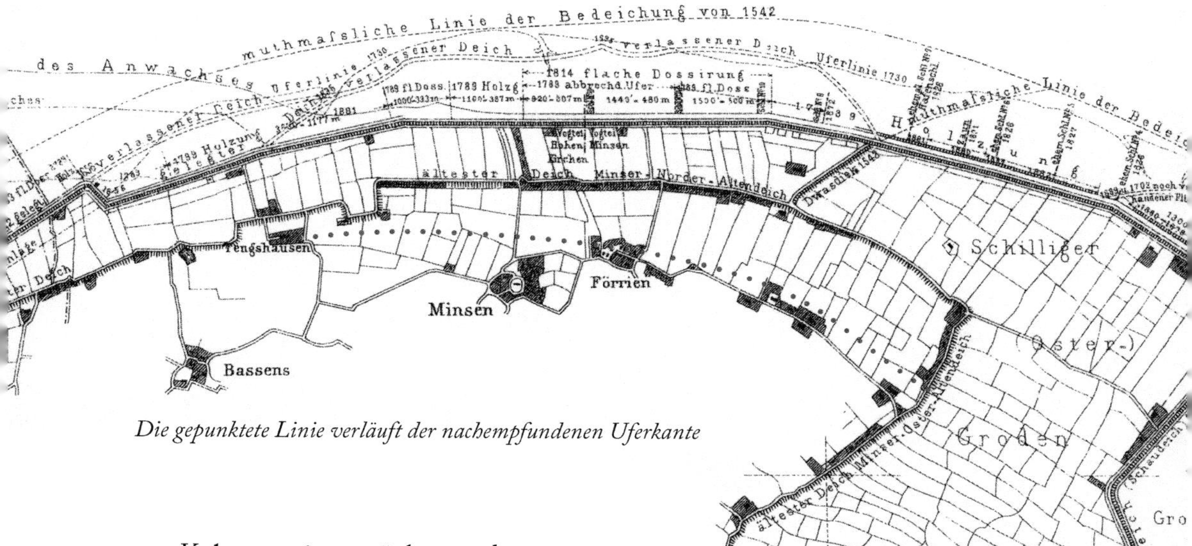

Die gepunktete Linie verläuft der nachempfundenen Uferkante

Kehren wir zurück zu der von Marschalleck genannten alten Uferkante, die von Minsen über Förrien und Horum bis zum Oster-Altendeich als leicht gebogene Linie verläuft. Wir haben gelernt, dass an den Küsten der Nordsee Wälle durch Sedimentation von Sand und Muscheln aufgeschlickt werden. Schon als Kind hatte ich mich gefragt, wie der Sand mit den erkennbaren Muschelanteilen, den wir Muschelberg nannten und der wohl nur noch unserer Familie, wenn überhaupt, bekannt sein dürfte, in unseren Garten in Tengshausen kommen konnte, war die Nordsee aus meiner Kindersicht doch weit weg?

Für das Jahr 1460 dürfen wir annehmen, dass nördlich von Bassens weder eine natürliche Uferkante noch ein Deich bestanden hatte. Über den Außengroden war der Zugang ins offene Meer ungehindert. Wir dürfen also folgern, dass beginnend am Oster-Altendeich im Osten, über Horum und Förrien, vorbei an Minsen die alte Uferkante bis an die östliche

Der „Muschelberg" im Garten von Tengshausen in dessen Süd-Ostecke, gesehen aus Nord-West Richtung. Die rot gepunktete Linie zeigt den Oberflächenverlauf des Geländes.

Begrenzung des Bassener Grodens reichte. Ob es dieser Linie entsprechend *(s. Abb. S. 98–99)*, einen durchgehenden Deich oder noch, was wahrscheinlicher ist, kleinere Verbindungsdeiche von Warf zu Warf gegeben hat, müssen weitere Forschungen ergeben. Von einem östlichen Arm des Priels, der östlich vom Wohnhaus Tengshausen vorbeizieht, war bereits die Rede. Exakt an dieser Stelle bricht die alte natürliche Uferkante, von Osten kommend, ab. Dieser Abbruchpunkt wird heute durch den Muschelberg in unserem Garten markiert! Ergänzend soll noch bemerkt werden, dass zwischen diesem Punkt und dem Dorf Minsen über 500 Jahre lang gepflügt und geeggt wurde, um das Land landwirtschaftlich zu nutzen, (die Landstraße wurde erst Ende des 19. Jhds. gebaut) so dass hier keine Sand- und Muschelreste mehr gefunden werden können. Dennoch können wir davon ausgehen, dass in diesem Bereich der natürliche Uferwall vor dem ersten Deichbau besonders hoch aufgeschlickt war und lange Zeit die

Funktion eines Deiches übernommen hatte. Wie oben dargestellt, wurde diese Entwicklung durch die Verlandung der Harlebucht begünstigt.

Almuth Salomon äußert sich verwundert, dass kein Kaufnachweis von Junge Dure für Tengshausen zu finden ist.[150] Wenn Junge Dure aber auf dem Außengroden siedelte, so brauchte er das Land nicht käuflich erwerben. Erst mit der Eindeichung 1480/81 fällt das neu gewonnene Land der Landesherrschaft zu.[151] Die wenigen Daten, die wir von Junge Dure erhalten haben, lassen uns annehmen, dass 1460 der „Alte Deich“, wie wir ihn heute noch nennen, nicht existiert hat, wohl aber 1480/81 erbaut worden sein muss, da in dieser Zeit Junge Dure aktiv auf der Suche nach einem alternativen Standort war, um weiter auf Kaperfahrt gehen zu können.

Die Burg eines Kaperfahrers musste gewisse strategische Erfordernisse erfüllen. So war unter anderem eine schnelle Erreichbarkeit befahrener Schiffsrouten von der heimischen Burg aus erwünscht. Man baute sie, leicht versteckt, im Landesinneren an einem größeren Priel, der sich bequem anfahren ließ. Eine Abriegelung der Burg von der Nordsee durch einen Deich machte diese für einen Kaperfahrer völlig unbrauchbar. Auch diese Fakten passen zu der Hypothese, dass der Bau des Alten Deiches um 1480/81 Junge Dure die Existenzgrundlage mehr oder weniger sofort komplett entzogen hat.

Oskar Tenge (1832–1913) hat diesen Deich bei Tengshausen in seinem Blatt 11 *(s. Abb. S. 103)* als den ältesten Deich eingetragen, ohne ein Baujahr anzugeben. Für die Bedeichungslinie weiter nördlich von Minsen über Förrien und Horum bis zum Oster-Alten-Deich verlaufend, gibt er das Jahr 1545 an. Zusammenfassend ergibt sich folgendes Bild: Der von Tenge mit dem Erbauungsjahr um 1545 belegte Deich verläuft deutlich nördlich von dem Dorf Minsen und wird damals wie heute Norderaltendeich genannt. Dieser Deich endet im Westen vor der „Burg“-Parzelle genau an der

150 Salomon, 2007, S. 108.
151 Petri, 1994, S. 29.

Stelle, an der der von Tenge eingezeichnete, älteste Deichverlauf rechtwinkelig nach Süden ausweicht. Es ist die Stelle, von der Salomon angenommen hatte, es sei dort ein Kolk zugeschüttet worden und mein Großvater schreibt in seinen Erinnerungen, dass östlich von Tengshausen, die Antoni Flut am 17. Januar 1511 den „Alten Deich" ziemlich eingeebnet hat.[152]

Westlich von Tengshausen, bei der heutigen Hausnummer 10, bei der der „Alte Deich" in nordöstlicher Richtung von der geraden, alten Uferlinie abweicht, hat sich bis heute ein tiefer Kolk erhalten. Ein solcher Kolk ist immer als ein Hinweis auf einen ehemals erfolgten Deichbruch zu werten. Auf der Karte von Oskar Tenge ist der Deichverlauf östlich von Tengshausen an der Stelle kastenförmig abgeknickt, an der – wie oben bereits erwähnt – mein Großvater den Deichbruch im Jahr 1511 vermutet *(s. S. 103)*. Am 17. Januar 1511 werden sich die Eisschollen in diesen beiden Deichwinkeln aufgestaut und so zu beiden Seiten von Tengshausen den Deich zum Bersten gebracht haben *(s. S. 30-31)*.

Der Groden ist landesrechtlich anders zu bewerten als die eingedeichten Gebiete. Es ist zu vermuten, dass die geschleifte Siebetsburg (heute im Gebiet von Wilhelmshaven an der Jade gelegen) 1481 noch außendeichs auf dem Groden lag und daher dem Junge Dure als eine mögliche Alternative erschienen war. Tengshausen jedenfalls war zu dieser Zeit durch den neuen „Alten Deich" ins Landesinnere verlagert worden. Seither unterlag die Burg Tengshausen (nach 1480/81) dem Machtbereich der Landesherrschaft und war als deren Eigentum anzusehen. Für die Siebetsburg dürfte dies nicht der Fall gewesen sein, darum zeigte Junge Dure Interesse an ihr als alternativen Wohnsitz.

„Dure plant den Wiederaufbau der Sibetsburg!" Im Frühjahr 1481 schreckt dieser anonyme Hinweis an den Rat zu Lübeck die Welt der Hanse auf und setzt eine intensive Korrespondenz in Gang: Lübeck informiert Hamburg

152 Jürgens, 1954, S. 1.

und die zu Buxtehude am 6. Juni 1481 versammelten Rathssendeboten aus Lübeck, Bremen und Hamburg. Auch Gräfin Theda von Ostfriesland wird über den, vermutlich mit Einwilligung von Edo Wiemken d. J., geplanten Wiederaufbau der Burg unterrichtet und gebeten, ihre Autorität geltend zu machen, damit der Bau unterbleibe. Zehn Tage später antwortet Edo, dass bisher dort noch nicht gebaut worden sei, und fügt hinzu, dass Dure auch ohne Rücksprache bauen würde, wenn er es wolle. Gräfin Theda informiert die Hanse, dass Edo Wiemken ihrer Einladung nicht gefolgt sei. In einem Schreiben an den Hamburger Ratsherren Heinrich Salbusch am 26. Juli 1481 greift Edo dieses Thema noch einmal auf.[153] Die Nervosität, die bei allen Beteiligten spürbar herrscht, verdient Beachtung. Wir wissen heute, dass die geschichtsträchtige Sibetsburg nicht wieder aufgebaut worden ist. Wir wissen, dass Junge Dure mit seinem Standort in Tengshausen nicht mehr zufrieden war. Erstaunlich wirkt auf uns heute der etwas trotzig klingende Zusatz von Edo Wiemken: *„..., dass Dure auch ohne Rücksprache bauen würde, wenn er es wolle“*. 45 Jahre zuvor war die Sibetsburg nach langer Belagerung von Bremen geschleift worden und wiederum 35 Jahre früher erlitten viele Burgen an der Ems das gleiche Schicksal! Wollte Edo die Hanse reizen oder lag es wirklich nicht in seiner Macht, einen möglichen Wiederaufbau der Siebetsburg zu verhindern?

Die Lage seiner Burg – vor oder hinter dem Deich – war ausschlaggebend für die Existenz von Junge Dure und seiner Familie. Es war nicht so, dass Junge Dure als See- und Kaperfahrer zwanzig Jahre lang von Tengshausen aus, seinen Lebensunterhalt nicht gut verdient hätte. Aber er wurde ein Opfer der Umstände, die besonders die Lebensbedingungen für die nächste Generation grundlegend änderten. Wie oben bereits ausgeführt, verschärften sich die maritimen Bedingungen. Dazu kam 1480/81 der hier vermutete Bau des „Alten Deiches“. In dem Moment, als der neu

153 Urkundenbuch von Jever und Kniphausen, 1481, S. 132-161.

gebaute „Alte Deich“ die Burg von Junge Dure abriegelte, war die von ihm betriebene Seeräuberei in gewohnter Form nicht mehr möglich.

Junge Dure suchte 1481 nach einem alternativen Standort, um weiter seinem Seeraub nachgehen zu können. Erschwerend kam hinzu, dass seit 1400 die Seeräuberei auch gesellschaftspolitisch schwierig zu vertreten war, weil sie federführend durch die Hanse, dann aber auch allgemein bekämpft und kriminalisiert wurde.

Der neue „Alte Deich“ riegelte also die Burg von Junge Dure von der See ab. Diese schwerwiegende Änderung seiner „beruflichen“ Situation war mit dem Leben eines Kaperfahrers nicht mehr vereinbar. Vermutlich war die Ruine der Siebetsburg im Wangerland die Einzige, die noch außendeichs an der friesischen Küste in einem Außengroden lag. Insofern hätte Edo Wiemken Junge Dure gewähren lassen, wenn dieser sich dort eine neue Existenz hätte aufbauen wollen. Die politischen Verhältnisse hatten sich aber in den letzten achtzig Jahren zunehmend zu seinen Ungunsten verändert. Die Hanse hatte erfolgreich die Kaperfahrer kriminalisiert. Junge Dure stach dennoch erneut 1481 in See, wurde dieses Mal aber von einem Holländer untersegelt und kehrte nicht wieder nach Hause zurück. Er hatte zwangsläufig ein kleineres Boot mit weniger Tiefgang und kleinerer Segelfläche wählen müssen. Da ist es nicht verwunderlich, wenn dieser extrem erfahrene Seemann untersegelt, ihm also von dem anderen Segler der Wind aus dem eigenen Segel genommen wurde. Es ist schwer zu glauben, dass dieses Schicksal für Junge Dure nicht vorhersehbar gewesen ist.

Vom Strandräuber zum Landmann

Rixte, Junge Dures Frau, verblieb in einer alternativlosen Zwangssituation. Möglicherweise war Garlich zu diesem Zeitpunkt erst sechs Jahre alt gewesen. Rixte hatte sich entschieden, in Tengshausen wohnhaft zu bleiben und für die junge Familie eine neue Lebensgrundlage in der Landwirtschaft zu suchen. Dazu war es unumgänglich, in dem von Prielarmen durchfurchten Groden einen Warf zu schaffen, auf dem dann ein Herd *(s. a. Fußnote unten)* errichtet werden konnte. So wurde eine große, breite Graft ausgehoben, ein breiter Graben, der den Herd nahezu vollständig umgab und mit dessen Aushub der Warf aufgeworfen wurde, um gleichzeitig den Anspruch auf Recht und Herrlichkeit zu dokumentieren.

Die Witwe von Junge Dure muss den Warf für den Herd Tengshausen, den Herd und danach zusammen mit ihrem Sohn Garlich das Steinhaus errichtet haben.

Der Zugang zu dem Herd Tengshausen erfolgte wahrscheinlich schon damals von Westen her über die heutige Allee. Nach Abschluss der Erdarbeiten wurde am östlichen Ende des Warfs ein weiteres Steinhaus errichtet, mit einem quadratischen Grundriss und zwei Luken an jeder Seite.

Herd, beherdischte Lande: „Herd“ ist die Bezeichnung für eine bäuerliche Betriebseinheit. Dabei wird streng unterschieden zwischen dem Eigentum am „Herd“ (nicht zu verwechseln mit Gehöft!) als einem Gegenstand des Rechts und dem Eigentum an dem zugehörigen Land. Das Eigentum am Herd bedeutet für den Eigentümer, dass ihm ein freies Erbeigen gehört und er kein Heuermann ist. Nur in den seltensten Fällen ist er auch Eigentümer des ganzen zugehörigen Landes. Bedingt vor allem durch das friesische Erbrecht sind die Eigentumsrechte daran geteilt. Der Inhaber des Herdes muss an diese anderen Eigentümer Heuern bezahlen. Ihm gehören aber andererseits meist auch Anteile in anderen Herden, für die er seinerseits Heuern erhält. Einerlei wem die Ländereien eines Herdes gehören, bleiben sie diesem als einer Betriebseinheit zugehörig und dürfen nicht von ihm getrennt werden. Quelle: Salomon, 2004, S. 104

In den vier Ecken befinden sich schwach ausgebildete Kreuzgradgewölbe, die durch Tonnengewölbe verbunden sind. In der Mitte des Kellers steht eine Säule, von der aus, eine tragende Mauer zur Giebelseite des Hauses zieht. Das Mauerwerk hat eine Stärke von 1,5 Metern und wird sich schon damals mit jedem weiteren Stockwerk um einen halben Meter verjüngt haben. Die von Junge Dure errichtete Burg am Ufer eines Priels wurde nach 1460 gebaut und befand sich im Außengroden. Der von dessen Witwe nach 1482 begonnene Bau des Herdes Tengshausen lag auf dem frisch eingedeichten Gebiet des Binnengrodens.[154]

Verschiedentlich findet man heute noch Gewölbekeller aus dem späten Mittelalter auf den alten Höfen Frieslands. Der Keller unter dem Wohnhaus in Tengshausen wird auf die Zeit um 1490 datiert.

Der Sohn Garlich Diuren fühlte sich, trotz der veränderten rechtspolitischen Lage Tengshausens als Seeräuber seiner Familientradition verbunden, konnte sich aber lediglich nur noch als Strandräuber betätigen. Nach dem damaligen Strandrecht war alles, was von der See an Land geschwemmt wurde, Eigentum der dort ansässigen Bewohner. Seit 1400 war die Hanse bemüht, dieses Recht in den Verträgen mit den Häuptlingen außer Kraft zu setzen. Allerdings gewährte der Herzog von Sachsen, vermutlich Albrecht „der Beherzte", als Gubernator von Friesland den Friesen östlich der Ems in Leuwarden am 8. Oktober 1499 das Recht, mit ihren Gütern frei und ohne Zoll in den, unter seiner Botmäßigkeit stehenden friesischen Landen, zu verkehren. Dabei verzichtet er auf das Strandrecht unter der Bedingung der Gegenseitigkeit.[155] Derartige Gewohnheitsrechte sind sehr beständig. Noch in den 50iger Jahren des 20ten Jhdts. wurde regelmäßig im Bereich von Tengshausen Strandgut im Watt gesammelt.

Mit der Strandungsordnung vom 17. Mai 1874 wurde die Handhabung schiffbrüchiger Güter neu geregelt.[156] Solange Schiffe aus Holz die

154 Salomon, 2004, S. 104.
155 Urkundenbuch Ostfrieslands 1499, S. 620.
156 Brockhaus 1903, XV. Bd..

Herzog Albrecht „der Beherzte" (1443–1500), Gubernator von Friesland

Nordsee befuhren, konnte man „reiche" Ernte machen, weil die Hölzer von allerbester Qualität waren. Garlich Diuren freilich hatte eine andere Größenordnung vor Augen. In der Familie hieß es immer, er habe auf dem Deich Feuer angesteckt in der Hoffnung, dass durch dieses Irrlicht ein Schiff in Küstennähe auf Grund laufen würde. Am Ende des 15. Jhdts. fand die Seeräuberei von Tengshausen aus ihr Ende.

Wir wissen, dass um die Jahrhundertwende die Landesführung in Jever eine Schwächephase durchlebte. Im späten Frühjahr 1495 belagerte Edzard von Ostfriesland die Burg in Jever mehrere Wochen lang und brachte das gesamte Jeverland in seine Gewalt. Am 27. Juni 1495 huldigt daraufhin eine Reihe von Kirchspielen im Küstenbereich, darunter Minsen, Wiarden, Mederns und Hohenkirchen, Edzard und Uko von Ostfriesland und verpflichten sich, unter Stellung von Bürgen binnen 14 Tagen jeweils 2.000 Rheinische Gulden zu zahlen.[157] Im März/April 1497 erkranken Häuptling Edo Wiemken d. J. und seine gesamte Familie an der Pest. Er verliert seine Frau und alle seine Kinder, die Töchter Teite, Ivese und Tiader. Er selbst überlebt nach schwerer Krankheit.[158]

Aber nicht nur die Pest schwächte das Land. Zwei Jahre später erinnern Edzard und Uko von Ostfriesland Mederns an den 1495 geleisteten

157 Urkundenbuch Ostfriesland, 1495, S. 453.
158 Urkundenbuch Ostfriesland, 1497, S. 534; Wolfgang Petri, 1994, S. 23.

Huldigungseid und fordern zum Beistand gegen Ritter Hero Onken und den totkranken Edo Wiemken auf.[159] Drei Tage zuvor berichten die Domherren Hermann von Tungeln und Heinrich Scheuckink über die Aussagen mehrerer gefangener Landsknechte, welche im Auftrag des Grafen Edzard, Jever durch List einzunehmen beabsichtigt hatten, und veranlassen Herbert von Dorgelo, Edo Wiemken zu warnen.[160]

Die Quellenlage ist recht mager, aber aus dieser Auswahl können wir ersehen, dass Tengshausen dem Kirchspiel Minsen zu zurechnen ist und im ausgehenden 15. Jhdt. ostfriesisch war. Wir erfahren auch, dass Edo Wiemken krankheitsbedingt, verhindert war, genaue Ordnung zu halten, wie er selber sagt.[161] Irgendwann in diesen Jahren wird Garlich Diuren bei Norden in Ostfriesland Frouwa Manninga von Lütetsburg geheiratet haben. Das Paar bekam zwei Söhne, Dirk und Georg und eine Tochter Rixte.[162] In diesen Jahren bis 1511 war es Garlich Diuren auch gelungen, bei Häuptling Edo Wiemken in Jever einen guten Eindruck zu hinterlassen: Er hatte ein Steinhaus vorzuweisen, lebte vermutlich noch auf der Burg seines Vaters und war mit einem adeligen Hoffräulein verheiratet.

Am 17. Januar 1511 wurde die norddeutsche Küste von der Antoni Flut schwer heimgesucht. Es war die Flut, bei der Edo Wiemken d. J. schwer erkrankte. In wenigen Wochen den sicheren Tod erwartend, gehörte Garlich Diuren zu den fünf Regenten, die Edo dazu bestimmte, für das Jeverland und seine unmündigen vier Kinder aus zweiter Ehe zu sorgen. Es waren die Zwillinge Christoph und Anna, Maria, (die spätere Regentin von Jever) und Dorothea, bei deren Geburt die Mutter 1501 starb.[163] *„Da Garlich Düren keine zwei Meier besaß, bekam er das Dorf Bassens zum Nießbrauch, bis zur Mündigkeit der Kinder.“* Diese Nachricht, die vielfach zu lesen ist, bedeutet im Umkehrschluss, dass der Sohn Diuren mit seiner Familie bis 1511 wohl nur einen Meier (Pächter) besessen hatte.[164]

159 Urkundenbuch Ostfriesland, 1497, S. 534.
160 Urkundenbuch Ostfriesland, 1497, S. 532.
161 Ostfriesisches Urkundenbuch, 1497, S. 535.
162 Woebcken, 1954, S. 18.
163 Petri, 1994, S. 28; Salomon, 2007, S. 106.
164 Chronica Jeverensis, S.56; Petri, 1994, S. 28

Die Eheschließung von Garlich Diuren mit einer Tochter aus Lütetsburg wird Edo Wiemken beruhigt und nicht zweifelnd gemacht haben.

Am 19. April zu Ostern 1511 verstarb der letzte männliche Regent der Herrschaft Jever, Edo Wiemken d. J., aus dem Häuptlingsgeschlecht der Wiemken.

Die Wahl zum Regenten durch Edo Wiemken war für Garlich ein großer Glücksfall. Seine Ehe mit einer Tochter aus Lütetsburg, die, nach Remmer von Seediek (1500–1557), Edo in der Bewertung von Garlich skeptisch gemacht haben soll, hatte sicherlich in Wahrheit eine gegenteilige Wirkung. Remmer von Seediek ist dem Adel zu zurechnen und kein Schreiberling aus dem Volk. Er wird sehr genau gewusst haben, dass die Verehelichung Garlichs Edo Wiemken die Entscheidung erleichtert hatte! Die Hochzeit muss vor 1511 stattgefunden haben.[165] Remmer versuchte im Nachhinein mit Fleiß, Garlich Diuren zu diskreditieren, um das spätere Handeln von Fräulein Maria zu legitimieren. Maria war diejenige von Edo Wiemkens Töchtern, die sich mit viel Geschick und Beharrlichkeit die Regierungsgewalt in Jever über Jahre zurückerobert hatte, und die Garlich zum Verhängnis wurde.

Aber zunächst nahm der Aufstieg Garlich Diurens seinen Lauf. Wir wissen, dass der Bau von Steinhäusern zu damaliger Zeit nur wohlhabenden Bürgern vorbehalten war. Als Regent nutze Garlich, wie die anderen Regenten auch, den Herd Tengshausen, auf dem er in den 1490iger Jahren bereits ein Steinhaus errichtet hatte, zu einer Art Herrlichkeit, einem adeligen, abgabenfreien Gut auszubauen.

165 Woebcken, 1937

Gerne wird in der friesischen Geschichtsschreibung kritisch erwähnt, dass sich Garlich Diuren das Baumaterial für sein Steinhaus durch Abbruch der Befestigungsanlage um die Kirche herum in Minsen beschafft hat. Es war die Zeit, in der die Wehrkirchen zu normalen Gotteshäusern zurückentwickelt wurden, was als Entfesten einer Kirche bezeichnet wird. Man könnte sogar sagen, dass Garlich Diuren sich an diesen Abriss- und Aufräumarbeiten in Minsen beteiligte und dadurch hilfreich gewesen war. Es war durchaus üblich, ein durch Abriss anfallendes Baumaterial wieder zu verwenden.

Auf jeden Fall war andernorts, auch bei den anderen Regenten, das Entfesten von Kirchen zu beobachten. Recht schwammig heißt es im Historienkalender 1865: *„... bei dem Aufgange auf dem Hofe ... ein Haus bauen lassen, das er die Pforte genannt, ... seine Herdstätte vergrößert und sein Wohnhaus verbessert habe.“* Mit dem Hof wird der Herd Tengshausen gemeint gewesen sein. Das Haus, das er dort gebaut haben soll, wird als Torhaus bezeichnet. Es wird wohl kaum das Steinhaus gewesen sein, das über dem damals rund zwanzig Jahren zuvor errichteten Gewölbekeller gebaut worden war. Vielmehr wird dieses Torhaus keinen Keller gehabt haben. Sein Wohnhaus wird Garlich von seinen Eltern übernommen haben. Es ist identisch mit der Burg, von der aus sein Vater Junge Dure auf Kaperfahrt ging und die *„in die Jahre gekommen sein dürfte“*. Die Formulierung: *„...seine Herdstatt vergrößert...“* bleibt vorerst noch unklar. Dazu werden wir später noch mehr erfahren.

Als äußeres Zeichen für einen herrschaftlichen Sitz verbreiterte Garlich die Graft, die den Herd umgab. Salomon bezieht sich in ihrem Aufsatz auf eine Parzelle, mit der sie den Burgberg meint und die nach dem Urkataster nicht zum Hof Tengshausen, *„sondern zu der östlich davon am alten Deich liegenden Häuslingsstelle“* gehört haben soll. Sie vermutet,

Die Abbildung zeigt die Graft auf der Südseite von Tengshausen, die den Herd umgab. Garlich ließ sie als äußeres Zeichen für einen herrschaftlichen Sitz so breit anlegen.

dass diese Häuslingsstelle der Rest von Garlich Diurens Herd gewesen sei.

Wenn Salomon meint, der Herd Tengshausen habe nie zur Burg gehört, so mag das nach den uns heute zur Verfügung stehenden, schriftlichen Dokumenten der Fall sein, realistisch ist das jedoch nicht: Die breite Graft um Tengshausen besteht nicht nur heute noch, sie ist auch viele Male in der Literatur erwähnt und zweifelsfrei von Garlich Diuren angelegt worden. Sogar der Geländeverlauf spricht für eine Verbindung zwischen Burg und Herd. Direkt am Burgweg auf östlicher Seite ist in den Karten ein Galgenberg eingezeichnet. Carl Woebcken schreibt: Das Aufstellen eines

Galgens *„erhob Anspruch auf das Gericht über Leben und Tod"*.[166] Alle diese äußeren Merkmale erfüllen die Kriterien für eine Herrlichkeit nach damaligem Verständnis.

Die theoretische Möglichkeit, dass ein anderer Vir nobilis den Herd Tengshausen errichtet haben könnte, scheidet aus, weil dieser unweigerlich mit Diuren in erbitterter Konkurrenz gestanden hätte, weil wir mit höchster Wahrscheinlichkeit über dessen Existenz unterrichtet worden wären, und weil wir erfahren, dass Hemme to Tayndingeshusen ab 1522 als Eigentümer des Herdes beurkundet ist.

Die Aufnahme auf S. 117 unten rechts zeigt deutlich, wie der Entwässerungsgraben im weiteren Verlauf schmaler wird und damit normale Dimensionen annimmt, was zu der Annahme berechtigt, dass dieser Teil der Graft erst Jahre später, vermutlich aber vor 1522, angelegt worden ist. Im weiteren Verlauf auf der Ostseite, zwischen Burgweg und Hofstelle, wird die Graft wieder etwas breiter. Der Burgweg war die offizielle Zuwegung von Süden her, verband die Burg mit dem Mahnweg, dem Verbindungsweg zwischen Bassens und Minsen, und ist bis heute noch fast vollständig erhalten, was Almuth Salomon offenkundig nicht bekannt war,[167] genauso wie dessen Bezeichnung Burgweg.

166 Woebcken, 1937.
167 Salomon, 2007, S. 106.

Links: Uferkante der Hofstelle im Süden *Rechts: Uferkante vom Burgberg im Norden*

Der rote Pfeil markiert die Stelle, an der der große Priel bis 1881 quer verlief und bis zu der in den Jahren danach die breite Graft angelegt wurde.

Garlich Diuren – Vir nobilis und Regent

Garlich war zu einer höchst angesehenen Persönlichkeit gereift, ein Vir nobilis, der zum Regenten wurde. Ruhm und Erfolg haben aber auch ihre Schattenseiten. Wie schon angedeutet, kam es zwischen Fräulein Maria und ihm zu Unstimmigkeiten: Im oldenburgischen Urkundenbuch findet sich ein Eintrag, der darauf hinweist, dass Garlich Diuren auch 45 Jahre nach dem Tod seines Vaters noch als Strandräuber aktiv gewesen sein mag. Es heißt dort: „*Garlich Duren zu Taddingshusen schreibt an die Fräuleins in Jever und bedauert, daß sie ihm vorwerfen, er habe aus dem großen Lastschiff Hering, Käse und Bettbezüge genommen, er will sich vor ihnen und vor seinen gnädigen Herren zu Ostfriesland wohl verantworten …*“.[168] Knapp eine Woche später rechtfertigt sich Garlich Diuren erneut bei den Fräuleins Anna und Maria, wegen der Güter, die er aus dem Hulk (Wrack) bei Jever rechtswidrig genommen haben soll; „*die Leute hätten ihm die Ware gutwillig gegeben …*“. Im Dezember 1526 verwahrt er sich in einem Schreiben

Statue Fräulein Maria v. Jever (1500–1575) neben dem Amtsgericht in Jever

168 Urkundenbuch Oldenburg, 1526, S. 253.

gegen die Kritik aus Jever und bezichtigt Fräulein Maria des Undanks, indem er darauf verweist, dass er zu Zeiten ihres Vaters in ganz anderen Größenordnungen Raubzüge durchgeführt habe. Wenn man diesen Ausführungen Glauben schenken darf, wird Garlich sehr wohl seinen Teil an die Herrschaft in Jever abgeführt und nicht, wie Carl Woebcken mehrfach meint, für sich einbehalten haben!

Es drängt sich der Verdacht auf, dass sich Garlich Diuren mit der Agrarwirtschaft schwergetan hat, insbesondere nach den Überflutungen der Ländereien mit dem salzigen Nordseewasser am 17. Januar 1511. Dennoch ist er bemüht, als Dorfhäuptling anerkannt zu bleiben, was ihm auch gelingt. 1522 wird er neben dem Pfarrer, den Vikaren und den Kirchengeschworenen auf der Sterbeglocke in Minsen verewigt.

Garlich Diuren blieb vorerst, zusammen mit seiner Mutter, in seiner Burg wohnen. Die rechtliche Situation des Grodens von Tengshausen hatte sich aber durch den Deichbau grundlegend geändert. Grund und Boden war nun Eigentum der Landesherrschaft geworden, vertreten durch Fräulein Maria. Für die von seinem Vater ererbte Burg wird Garlich Diuren eine Art Bestandsschutz geltend gemacht haben. Für den Bau des Herdes (Wirtschaftshof) Tengshausen aber, wird er diese Argumentation nur schwerlich aufrechterhalten haben können, weil dessen Entstehungszeit eindeutig in die Zeit nach Errichtung des „Alten Deiches" fällt.

Es ist anzunehmen, dass die etwas unklare Rechtssituation Anlass für Ungereimtheiten in der historischen Beurteilung gab und heute noch gibt. Wir erinnern uns, dass es 1482 eine große Theuerung gegeben hat, dass die Ostfriesen 1495–97 das Wangerland besetzt hatten und Jever in dieser Zeit belagerten, dass sich Edo Wiemken d. J. vor den Ostfriesen mit knapper Not auf die Insel Wangerooge retten konnte, dass seine Familie kurze Zeit später durch die Pest dahingerafft worden ist und er selbst nur knapp mit dem Leben davongekommen war. In diesen Jahren war er mit Sicherheit überfordert, die Eigentumsverhältnisse des Tengshauser Grodens nach dem Bau des „Alten Deiches“ 1480/81 neu zu regeln oder zumindest klare Regelungen zu schaffen; vielleicht wollte er aber auch seinen Neffen nicht maßregeln.

Wie wir wissen, hatte Garlich 1511 nur einen Meier. Deshalb wurde ihm zu der Zeit bis zur Mündigkeit der Kinder in Jever ein zweiter Meier in Bassens zugewiesen. Da wir davon ausgehen dürfen, dass Garlich Diuren angesichts der auf ihn zukommenden Mündigkeit der jeveraner Kinder einerseits und dem von ihm von langer Hand geplanten Verkauf des Herdes Tengshausen andererseits nicht auf einen Herd verzichten konnte, wird er Vorsorge getroffen haben. Deshalb wird er die alte Burg nicht nur verbessert, sondern parallel einen neuen Herd errichtet haben, also *„seine Herdstätte vergrößert haben“*, wie es vielfach zu lesen ist. Salomon bezieht sich in ihrem Aufsatz auf eine Parzelle, mit der sie den Burgberg meint und die nach dem Urkataster nicht zum Hof Tengshausen, *„sondern zu der östlich davon am alten Deich liegenden Häuslingsstelle“* gehört haben soll. Sie vermutet, dass diese Häuslingsstelle der Rest von Garlich Durens Herd gewesen sei, und verweist zu Recht auf den Urkataster, dem zufolge zu der oben als „Burgberg“ bezeichneten Parzelle die östlich angrenzende Häuslingsstelle gehört. In der Tat ist diese, heute mit der Hausnummer 15 benannt, dort im Urkataster mit der Adresse „Burg“ eingetragen. Dabei wiederholt sich das rechtlich fragwürdige Vorgehen, dass der Baugrund, nach der Flutkatastrophe 1511 zwar wiederum vorläufig landwirtschaftlich für längere Zeit wertlos war, durch die Eindeichung aber schon vor dreißig Jahren 1480/81 zum Binnengroden und damit zum Eigentum der Landesherrschaft geworden war. Auch diese illegale Eigentumsübernahme ist in keinem Kataster zu finden. Sie kann erst nach 1511, muss aber deutlich vor 1522 erfolgt sein, denn Garlich wird mindestens auf einen Herd angewiesen gewesen sein, nachdem er den Herd Tengshausen (widerrechtlich) 1522 an Hemme to Tayndingshusen verkauft hatte.

Garlich wird argumentiert haben, dass es sein Verdienst gewesen sei, zuerst den Warf und danach den Herd im Groden zwischen den Prielarmen in einem landwirtschaftlich unbrauchbaren Gebiet errichtet zu haben. Die Erkenntnis, dass zwischen der Burg und der östlich gelegenen Häuslingsstelle – heute Hausnummer 15 – ein Verbindungsdamm existiert hat, erlaubt uns heute den Rückschluss, dass die Flächen um diese Häuslingsstelle herum bis hin zum Ort des Deichbruches sehr nass gewesen waren, wenn sie nicht sogar regelmäßig unter Wasser gestanden haben. Im Vergleich zum Herd Tengshausen drängt sich der Eindruck auf, dass diese Häuslingsstelle deutlich kleiner ausgefallen ist, deren Graftanlage zwar breit begonnen, aber unvollständig geblieben ist, dass kein Steinhaus mit oder ohne Keller gebaut worden und der Warf für diesen Herd sehr flach geblieben war.

Im Gegensatz zu dieser Häuslingsstelle wurde Tengshausen in der Folgezeit immer wieder als adeliges Gut genannt, ohne dies wirklich gewesen zu sein. So findet sich Tengshausen laut Petri in keinem Verzeichnis adeliger Güter aus späterer Zeit, was auch verständlich ist, da sämtliche Güter von Garlich Diuren in Tengshausen 1531 von Maria konfisziert wurden.[169] Allerdings bleibt bis auf weiteres die Frage offen, wann, auf welche Weise und wie lange der Herd in Bassens sein Eigentum gewesen sein könnte. Die Häuslingsstelle Tengshausen (Nr. 15) war auf Grund bisheriger Kenntnisse bis 1531 der Sitz eines Territorialhäuptlings gewesen, der dort eine Landwirtschaft betrieben hatte.

Die Entscheidung, den großen Herd, mit einer neu gezogenen breiten Graft 1522 zu verkaufen, war von langer Hand vorbereitet, und wird Garlich

169 Petri, 1994, S. 153

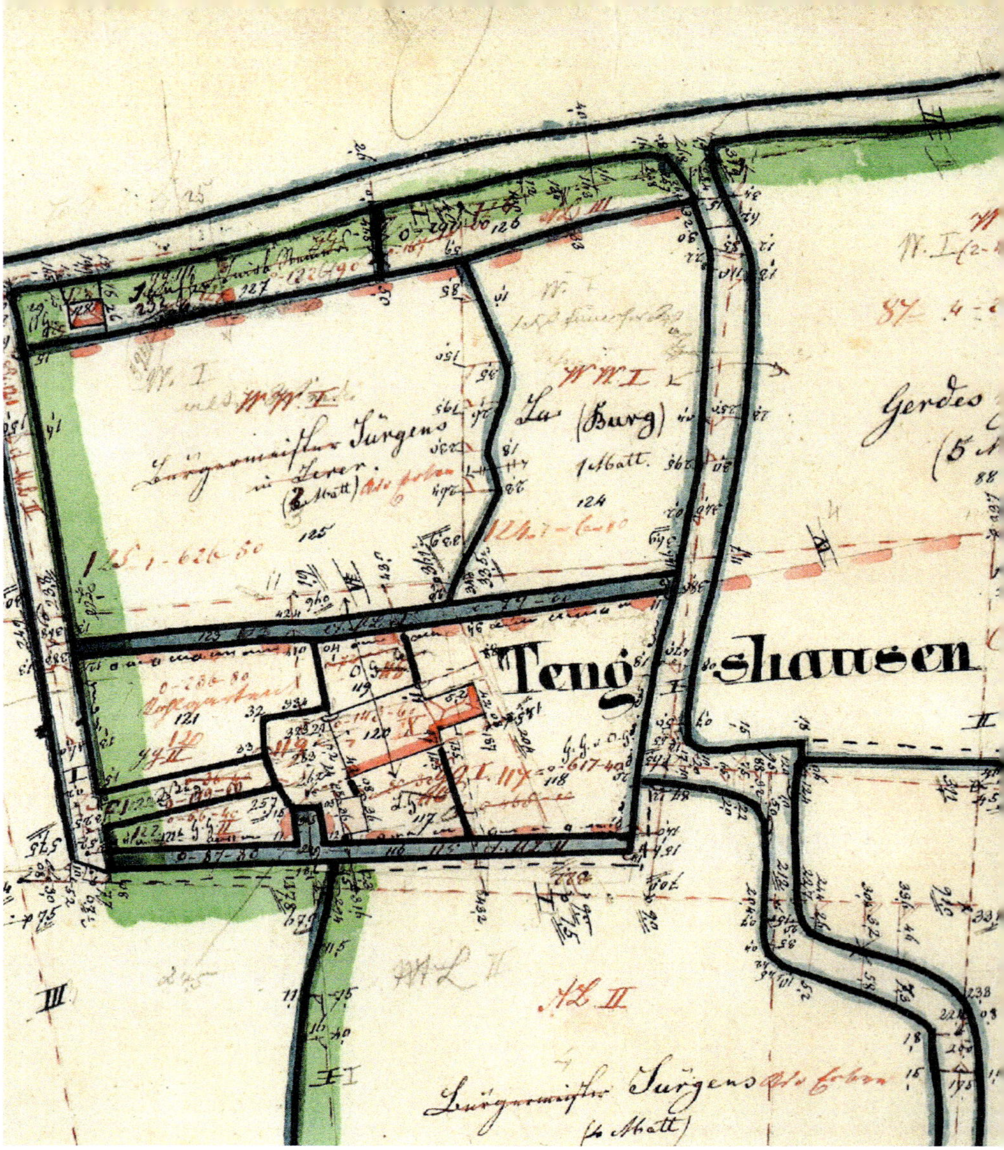

wirtschaftlich gutgetan, aber auch sehr geschmerzt haben. Die Kinder von Edo Wiemken d. J. in Jever waren im Jahr 1522 auf jeden Fall mündig geworden. Der für die Zeit der Regentschaft zuerkannte zweite Meier in Bassens wird daher 1522 oder kurze Zeit darauf wieder weggefallen sein. Dass die Mündigkeit der Kinder von Edo Wiemken d. J. in Jever und

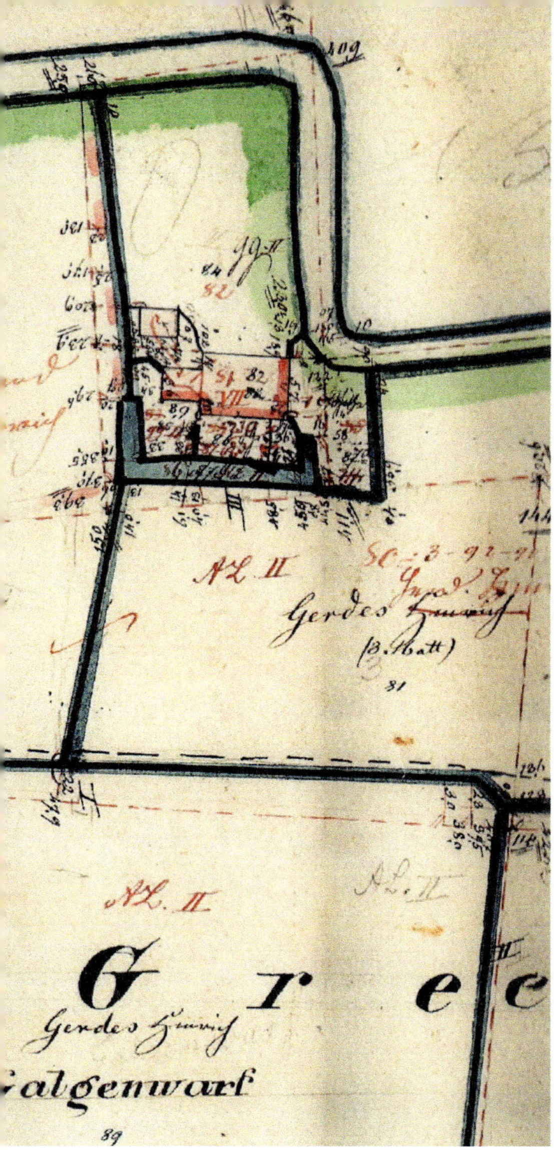

Original Handriß aus dem Jahr 1848 von dem Friesenhof Tengshausen mit Scheune und Wohngebäude, breiter Graft, der Zufahrtsallee mit Warf zur Scheune und dem ehemaligen großen Priel, gebogen in Nord-Südrichtung verlaufend.

damit das Ende seiner Regentschaft mit dem Jahr der Veräußerung des Herdes Tengshausen 1522 zusammen fällt ist bisher nirgends erwähnt. Bis das Gegenteil bewiesen ist, darf angenommen werden, dass Garlich Diuren den Herd Tengshausen mit dem von ihm neu (vor dreißig Jahren) gebauten Steinhaus an Hemme auf eigene Rechnung verkauft haben wird. Dazu wird eine größere Wirtschaftsfläche gehört haben, denn bei Salomon heißt es später, der (Sohn) Tiart Hemmen habe damals einen der größten Herde im Kirchspiel Minsen bewirtschaftet. Die Feststellung von Salomon, dass die Landesherrschaft damals höchstens getauscht, aber niemals etwas verkauft habe, bestätigt eher diese Annahme, als dass sie diese widerlegt.

Das Ende der Häuptlingszeit und der Durens

Mit Edo Wiemken d.J. und seiner Tochter Maria endete die Häuptlingszeit. Als Nachfolgerin ihres Vaters führte sie die Bezeichnung „Fräulein", was für viele Herren für diese Position unverständlich war. Maria wurde daher im Schriftverkehr häufig als Gräfin angesprochen, was sie aber nicht war.[170] Im Sommer 1531 konfisziert Fräulein Maria von Jever, angeblich überfallartig, den gesamten Tengshauser Besitz von Garlich Diuren und zerschlägt diesen, indem sie die Ländereien an mehrere Käufer weitergibt. Es ist unklar, welche Besitzverhältnisse bei Garlich Diuren zu der Zeit bestanden haben, denn Marschalleck berichtet 1958 in seiner Abhandlung zur vorgeschichtlichen Landesaufnahme im Gebiet der Gemeinde Minsen, dass beim Abriss des Hofes Lauts in Bassens, heute Brandenburg, 1957 ganz große Ziegel in den Fundamenten entdeckt wurden. Dabei soll es sich um ein, mit breiten Graften umwehrtes Steinhaus gehandelt haben. Die Anlage ginge auf Garlich Diuren zurück, der hier um 1530 gelebt haben soll.[171] Wegen des Hinweises auf das Jahr um 1530 liegt die Vermutung nahe, dass Garlich Diuren diesen dritten Herd in Bassens zuletzt bezogen haben könnte, vielleicht schon in weiser Voraussicht, dass Frläulein Maria eines Tages, tatsächlich im Sommer 1531, seinen Besitz einziehen würde. Es ist sehr wahrscheinlich, dass Garlich Diuren seit Jahren mit Forderungen der Landesherrschaft konfrontiert worden und dadurch vorgewarnt war. Der Hinweis auf Garlich Diuren mit der Jahreszahl um 1530 geht zurück auf Georg Sello, Östringen und Rüstringen, S. 46 u. 116.

Wie oben erwähnt, hatte Almuth Salomon festgestellt, dass jeder schriftliche Nachweis fehlt, der für die Parzellen „Burgberg", „Burg" und den Herd Tengshausen eine Verbindung zu Garlich Diuren belegen könnte. Bisher gründen sich unsere Kenntnisse diesbezüglich in erster Linie auf

170 Behre, 2023, S. 229
171 Marschalleck, 1958, A24

Dass die Mündigkeit der Kinder von Edo Wiemken in Jever und damit das Ende der Regentschaft mit dem Jahr der Veräußerung des Herdes Tengshausen 1522 zusammen fällt ist nirgends erwähnt worden.

archäologische Gegebenheiten. Der Siedlungsplatz von Garlich Diuren in Bassens unterscheidet sich von den vorherigen Herden in Tengshausen in mehreren Punkten wesentlich: Diese große Wohnfurt aus vorchristlicher Zeit wurde aller Wahrscheinlichkeit nach, nie nur von einem Eigentümer alleine bewohnt. Bassens erscheint vielfach in der Geschichtsschreibung und Eigentumswechsel erfolgen durch Erb- oder Kaufvorgänge. Allerdings bleibt bis auf weiteres die Frage offen, wie lange der Herd in Bassens Garlichs Eigentum gewesen sein könnte. Vor dem Hintergrund der heute sehr großen und stark verzweigten Familie Garlichs, die sich auf Garlich Diuren als Stammvater beruft, und dem Rat Garlichs, der in den Jahren 1739 bis 1756 kurzzeitig Eigentümer von Tengshausen gewesen war, ist die Frage nicht uninteressant, auch wenn die Nachkommen von Garlich Diuren lt. Remmer von Seediek kinderlos geblieben sein sollen.

Entweder hat Garlich Diuren in Bassens eine Siedlungsparzelle käuflich erworben oder er hat den Meier, der ihm 1511 von Edo Wiemken zugeteilt worden war, behalten können. Diese Übernahme fällt zeitgleich mit der Enteignung in Tengshausen durch Fräulein Maria zusammen, und wird der Nachwelt schriftlich überliefert. Es ist also denkbar, dass die Rechtsposition von Garlich Diuren in Bassens sich in wesentlicher Weise von der vorigen in Tengshausen unterscheidet. Vielleicht ist diese sogar dergestalt, dass Fräulein Maria keine rechtliche Handhabe besaß, Diuren auch in Bassens zu enteignen.

Eine räumliche Nähe zur Burg wie vorher in Tengshausen war in Bassens nicht mehr gegeben. Die dort vorhandenen Relikte einer breiten Graft weisen erneut nicht nur auf eine längere Bauzeit hin, sie sind auch als Hinweis zu werten, dass der herrschaftliche Anspruch von Garlich Diuren noch nicht gänzlich aufgegeben worden war.

Sollte es Garlich Diuren möglich gewesen sein, sich in Bassens erneut eine Existenz aufzubauen, dann kann der Grund für seine Enteignung nicht in seiner Ostfriesenfreundlichkeit zu suchen sein, denn diese hatte sich während seiner Niederlassung dort sogar intensiviert. Der eigentliche Grund für die Beschlagnahme aller Güter in Tengshausen, allem Anschein nach außer in Bassens, muss ein anderer gewesen sein, der wohl nicht öffentlich gemacht werden sollte. Ein Eingeständnis vor aller Welt, dass in Wahrheit großer Geldbedarf der Herrschaft in Jever der Motor für die Enteignung Garlich Diurens gewesen ist, schien politisch nicht gewünscht gewesen zu sein.

Im Juni 1539 erinnert Trautenberg im Auftrag der Königin Maria von Burgund, die immer Fräulein Maria mit sehr viel Verständnis unterstützt hatte, an die bereits 1538 angemahnte Anzahlung in Höhe von 2.000 Gulden.[172] Im oldenburgischen Urkundenbuch von Jever und Knyphausen findet sich auf Seite 438 mit der Nr. 1034 für den 2. April 1541 der Eintrag, dass „*... von der Summe der 12.000 Gulden, die Jever von der Königin auferlegt ist, konnte noch nichts bezahlt werden. Fräulein Maria bittet um einen Zahlungsaufschub auf etliche Jahre ...*“. Wohl auch aus Dankbarkeit, aber auch, weil es dringend erforderlich war, verpfändete Sohn Rickleff aus Haddien seine Erbgüter, um im Kriegsjahr 1540 Fräulein Maria eine große Summe Geldes leihen zu können.[173]

Diese drei Beispiele verdeutlichen exemplarisch die permanente, akute Geldnot, die über viele Jahre in Jever geherrscht hat. Es wird daher

172 Gramberg, 1898, S. 62.
173 Salomon, 2004, S. 36.

oberstes Ziel in Jever gewesen sein, Geld zu beschaffen, wo immer sich die Möglichkeit dazu bot. Um als fürsorgliche Landesherrin das Wohlwollen der Bevölkerung zu erlangen, war es ratsam, die Vertreter aus der Zeit der alten Territorialherrschaft öffentlich in Misskredit zu bringen, wie Petri bereits angedeutet hat. Garlich Diuren befand sich im Vergleich zu seinen Mitregenten rechtlich gesehen in der schwächsten Position. Seine Ländereien stückweise zu verkaufen, anstatt sie als Lehen zurückzureichen wie bei anderen Regenten, brachte bares Geld in die Kassen der Landesherrschaft in Jever.

Nach dem 8. September 1532 erhält Maria zusammen mit Boing von Oldersum einen, von Diedrich Diuren und Ubbo zu In- und Kniphausen verfassten, Fehdebrief.[174] Die Auseinandersetzung mündet im Oktober/November 1532 in einen ordentlichen Krieg mit Enno von Ostfriesland, der Jever zehn Wochen lang belagerte. Die Belagerung war am Ende nicht erfolgreich, Garlich Diuren, der sich daran beteiligt hatte, traf eine Kugel tödlich und sein Sohn Diedrich, genannt Dirk, verstarb angeblich 1537 in Middelstewehr in Ostfriesland[175] an den Folgen einer Verwundung aus der Zeit dieser Belagerung. 1533 fällt der Sohn Georg in den Reihen der Friesen bei Jemgum. Tochter Rixte, verheiratet mit Johann von Dinklage, Drost zu Vechta, blieb kinderlos.*

* Unaufhörlich versucht die Jeversche Landesherrschaft und nachfolgende Geschichtsschreibung die Vertreibung der Diurens aus Tengshausen mit deren Ostfriesenfreundlichkeit zu rechtfertigen. Es wird sogar der Anschein erweckt, die Familie der Diurens sei ausgestorben und im Jeverland nicht mehr anzutreffen. Nun muss man wissen, dass der patronymische Namenswechsel bis ins 16./17. Jhdt. üblich gewesen ist. Die Tatsache, dass sich der Familienname Garlichs von Vater Garlich herleitet, der nachfolgend zum Familiennamen geworden ist, dass die Familie Garlichs sich nach dem Mittelalter zu einer sehr angesehenen und im Jeverland sehr zahlreich vertretenen Familie entwickelt hat und dass noch heute in Bassens und im Kirchspiel Minsen die Familie Garlichs ansässig ist, gibt Anlass, auch in diesem Punkt die friesische Geschichtsschreibung kritisch zu hinterfragen.

174 Fehdebrief, 2017, S. 147
175 HK 2017, S. 145–148

Garlic Diuren – Vir nobilis und Regent

ab 1300 Beginn der kleinen Eiszeit bis 1850

1359 – 1575 Zeit der Häuptlinge

Jhdt. 1400 – **1405** – **1410** – **1415** – **1420** – **1425** – **1430** – **1435** – **1440** – **1445** – **1450** – **1455** – **1460** – **1465** – **1470**

1400 die Hanse landet am 6. Mai in Emden

1382–1415 Edo Wiemken d. Ä. ist zeitweise Häuptling über Wangerland, Östringen und Rüstringen

1417 Kaiser Sigismund ließ zwei Siegel mit einem Doppeladler anfertigen

1418 kam es in Butjadingen zu einem großen Bauernaufstand gegen die dortigen Kirchenhäuptlinge

ab 1427 wird Sibet, der Enkel von Edo Wiemken d. Ä. Häuptling

1428 baut Hayo Harlda (Halbbruder von Sibet) die Burg von Jever neu auf

1433 ist Hayo Harlda Häuptling

1435 wird die Sibetsburg von den Bremern vollständig geschleift

1441 Tanno Düren wird Häuptling

1460 Junge Dure siedelt als Kaperfahrer in Tengshausen und errichtet eine Burg im Außengroden

1468 ist Edo Wiemken d. J. Häuptling

1471 werden Eigenerben erstmalig namentlich genannt

Jhdt. 1475

1480 *1480/81 Bau des „Alten Deiches" bei Tengshausen*

1482 am 5. Februar droht Graf Gerd von Oldenburg zur Beschaffung von Lebensmitteln in Ostfriesland einzufallen

1485 *1482 - 90 Der Warf für den Herd Tengshausen wird aufgeschüttet*

1490 *1490–99 Errichtung eines Steinhauses auf dem Warf Tengshausen*

1495 *1495 im späten Frühjahr belagert Edzard von Ostfriesland mehrere Wochen lang die Burg in Jever und bringt das gesamte Jeverland in seine Gewalt; am 27. Juni, huldigen die Kirchspiele Hohenkirchen, Minsen, Wiarden und Mederns den Grafen Edzard und Uko von Ostfriesland*

1500 *1497 Pest in Jever*

1505

17. Januar 1511 Antoni- oder Eisflut mit Deichbruch östlich von Tengshausen

1510 *1511 Edo Wiemken d. J. bestimmt fünf Regenten zur Übernahme der Regierungsgeschäfte bis zur Mündigkeit seiner Kinder: Menne und Riclef von Roßhausen, Omme von Middog, Riclef von Fischhausen, Garlich Düren von Tengshausen, am 19. April stirbt Edo Wiemken d. J.*

1515 *1511–1517 Sohn Christoph Wiemken, noch unmündig, Vormund Graf Johann V. v. Oldenburg, wird am 2. Juni 1517 vergiftet*

1520

1522 Hemme to Taydingshusen kauft das Landgut Tengshausen; Garlich Diuren wird u.a. auf der Sterbeglocke in Minsen verewigt

1525 *1526 Garlich Diuren wird von Frl. Maria des Strandraubes bezichtigt*

1530 *1530 etwa soll Garlich Diuren einen Meier in Bassens besessen haben*

1531 *1531 Frl. Maria gelingt es, sich von der Herrschaft der Ostfriesen zu befreien; im Hochsommer konfisziert Frl. Maria die Liegenschaft Tengshausen von Garlich Diuren angeblich ohne Vorwarnung*

1532 *1532 senden Dirk Diuren und Ubbo von Kniphausen einen Fehdebrief an Fräulein Maria und belagern*

1533 *Jever zehn Wochen lang im Oktober/November; Jever wird Lehen des Kaisers Karl d. V.; Garlich Diuren*

1534 *wird bei der Belagerung verletzt und stirbt; 1533 fällt Sohn Georg in den Reihen der Friesen bei Jemgum*

1535

1536

1537 *1537 soll Dirk Diuren angeblich an den Folgen einer Verletzung in Middelstenwehr verstorben sein*

TEIL III

MARIA
GEB. DOCHTER VND
FROICHEN THO
JEVER
RUSTRINGEN
OSTRINGEN VND
WANGERLAND

Fiktion gegen Realität

An dieser Stelle ist meine Reise zurück in die Geschichte von Junge Dure und seinem Sohn Garlich Diuren zu Ende. Wir haben Junge Diure kennengelernt, der als erfahrener Seeräuber mit seiner Familie auf einer Burg in Tengshausen lebte. Aber auch dessen Sohn Garlich Diuren, der die Seeräuberei nicht weiterführen konnte und gezwungen war, sich mit Strandraub zu begnügen; der als Abkömmling aus einem Häuptlingsgeschlecht zum Mitregenten bestimmt worden war und daraus (wie seine Mitregenten auch) seinen persönlichen Profit zog, aber zu guter Letzt scheiterte.

Wir haben von Familienfehden gehört und dem Deichbau, der Segen und Fluch über das Land brachte. Auch konnte ich viel Neues über meine eigene Herkunft erfahren.

Mein Ziel war es, die Geschichten, die ich gehört oder gelesen habe zu verifizieren und mir erlaubt, daraus logische Schlüsse zu ziehen: 1460, als Junge Dure sich im Außengroden von Tengshausen eine Burg errichtete, wird sein Großonkel keine Einwände dagegen gehabt haben, zumal er von der gekaperten Ware immer seinen Teil abbekommen haben wird. Weil aber heute der sogenannte Burgberg eindeutig landeinwärts an einer Deichsohle liegt, muss der dazu gehörige Deich, der zurzeit noch als der „älteste“, wenn auch undatierte Deich in Tengshausen gilt, später, also deutlich nach 1460, errichtet worden sein. Wahrscheinlich sind für die Erbauungszeit die Jahre 1480/81 anzunehmen, da Junge Dure in dieser Zeit nach einer Alternative für seinen Standort als Kaperfahrer Ausschau hielt. Denn im Zuge der Begradigung und Vervollständigung der Außendeichlinie, dem „Goldenen Ring“, wurde 1480/81 durch den Außengroden, in dem Junge Dure seine Burg errichtet hatte, ein Deich gezogen, der seinen Hafen von der See abriegelte. Für Junge Dure war dies höhere Gewalt, niemand konnte sich gegen Deichbau und Landgewinnung widersetzen. Daraufhin war Junge Dure gezwungen, seine Schiffe außendeichs zu vertäuen mit weitreichenden, für einen Kaperfahrer inakzeptablen Folgen. 1481 wurde er von einem Holländer untersegelt und kam nicht mehr von See zurück. Das kann kein Zufall gewesen sein! Dieser extrem erfahrene Seemann hatte gezwungener Maßen ein zu kleines, flaches Boot wählen müssen und/oder die Perspektivlosigkeit als Kaperfahrer war für ihn überwältigend.

Junge Dures Frau musste eine neue Einnahmequelle in der Landwirtschaft suchen. Für den Herd ließ sie umgehend einen Warf aufschütten und nach 1490 auf dessen Ostseite ein Steinhaus errichten. Seinem Sohn Garlich Diuren war es gelungen, sich als heranwachsender Jüngling in Jever bei Häuptling Edo Wiemken d. J. einen guten Namen zu machen, während er zur Umstellung auf die Landwirtschaft als Lebensgrundlage gezwungen war. Er begnügte sich lediglich noch mit dem ein oder anderen Strandraub, zu dem er sich durch die Tradition seiner Familie legitimiert fühlte. Freilich war ihm bewusst, dass auch der Strandraub keine Zukunft mehr hatte.

So schuf er sich eine neue Existenzgrundlage in Tengshausen, errichtete in den 1490iger Jahren ein Steinhaus auf der neu aufgeschütteten Warf; errichtete den neuen Herd Tengshausen, den er 1522 veräußert; baute, vermutlich seit 1511 nach dem Deichbruch, den kleineren Herd ohne Gewölbekeller auf der Parzelle „Burg“, auf landwirtschaftlich gesehen wertlosem und sehr nassem Boden, von dem er durch Fräulein Maria von Jever 1531 vertrieben werden wird, und siedelte zu guter Letzt auf der alten Warf Bassens, wo die Reste seines Herds unter dem Hof Lauts (heute Brandenburg) 1957 bezeugt worden sind.

Mit dem Deichbau wurde der neu eingedeichte Binnengroden zum Eigentum der Landesherrschaft. Im Regelfall wird der Außengroden vor der Eindeichung weder bewohnt, noch bebaut gewesen sein. Bei Tengshausen aber war das nicht der Fall. Die von Junge Dure errichtete Burg am Ufer eines Priels wurde nach 1460 im Außengroden gebaut. Der von dessen Witwe nach 1482 begonnene Bau des großen Herdes Tengshausen lag bereits auf dem frisch eingedeichten Gebiet des Binnengrodens. Nach dem Bau des „Alten Deiches“ 1480/81 zählten alle drei Liegenschaften, nämlich die Burg, der große und später nach 1511 auch der kleine Herd Tengshausen zu der Fläche des Binnengrodens, der nun dem Eigentum der Landesherrschaft zu zurechnen war.

Vor diesem Hintergrund erscheint die Beschlagnahme der Güter von Garlich Diuren durch Fräulein Maria von Jever und die diesbezügliche, friesische Geschichtsschreibung in einem völlig neuen Licht. Nicht die, mit konstanter Bosheit immer wieder zitierte Ostfriesenfreundlichkeit Garlich Diurens war der Grund für seine Vertreibung. Es war eher eine Form der Veruntreuung in mehrerlei Gestalt: Die Umstellung des Territorialstaates zu einer Landesherrschaft und der damit verbundenen Abschaffung des Häuptlingswesens, erforderte viel Geschick von den in Jever politisch agierenden Führern. Remmer von Seediek, auf den sich nahezu alle Quellen zurückführen lassen, hat eifrig die Geschichtsschreibung im Sinne der damaligen Anti-Ostfriesen-Politik in Jever „instrumentalisiert“. Die so viel und so lange gescholtene Ostfriesenfreundlichkeit des Garlich Diuren erweist sich als vorgeschobene Argumentation, um die wahren Gründe zu verschleiern. Diese hatten sich angeboten, weil Garlich Diuren und seine Söhne zunehmend öffentlich ihre Ostfriesenfreundlichkeit bekundeten. Die öffentlichkeitswirksame Verunglimpfung der Ostfriesenfreundlichkeit hat über Jahrhunderte ihre Wirkung nicht verfehlt.

Mein Großvater gab mir als Vermächtnis mit auf den Weg, dafür Sorge zu tragen, bei etwaigen Erdarbeiten am Prieltrichter und nördlich davon unter dem „Alten Deich“ äußerste Sorgfalt walten zu lassen. Durch den Bau des „Alten Deiches“ 1480/81 (der übrigens gut 3,50 Meter hoch gewesen sein dürfte bei einer 12 Meter breiten Deichsohle) war der neu eingedeichte Groden von der Entwässerung schlagartig abgeschnitten worden. Zwangsläufig hätte das Land dauerhaft unter Wasser gestanden und eine landwirtschaftliche Nutzung wäre nicht mehr möglich gewesen. Wir wissen nicht, wie in Tengshausen damals dieses Problem gelöst worden ist. Wir wissen aber, dass zu der Zeit die ersten Drainagen durch ausgehöhlte Baumstämme erfolgten, sogenannte Holzsiele, die auf der Seeseite mit einer Holzklappe versehen wurden, um das salzige Seewasser abzuhalten. Es wäre eine Sensation, wenn sich unter dem „Alten Deich“-Körper Reste einer solchen Drainage finden würden. Das Niedersächsische Institut für historische Küstenforschung in Wilhelmshaven will in naher Zukunft in Tengshausen graben, um eventuell in diesem Punkt Klarheit zu schaffen. Ich bin gespannt, welche Überraschungen die Weide vor dem Deich für uns bereithält.

Ganz gleich, ob als Heranwachsender oder in fortgeschrittenem Alter, das Ergründen und Erforschen der Lebensumstände der Vorfahren bleibt reizvoll und spannend.

TEIL IV

Karte I
FRIESLAND
zur Zeit
Karls des Grossen
Maßstab 1: 2750000.
Zeichenerklärung.
Grenze FRIESLANDS
Diözesen-Grenze
GRAFSCHAFTS- ”
Gau-Grenze
Forsetesland
(Heiligland)
Frisenaland
Egidore
Thiatmaresgo
Albe
Haduloa
Wisere
Nordendi
Wanga
Norda
Gaverun
Federga
Asterga
Riustri
Emetha
Emesga
Ameriga
Wimodiga
Brema
Agrotingo
Emese
Bant
Hunes-ga
CALVELAGE
Fivelga
Hleri
Monasterium

Dank

Im Jahr 2012 war es der Pilot Hubert Eckert, der mir dankeswerter Weise die Gelegenheit gab, das Kirchspiel Minsen, insbesondere die Region und den heutigen Hof Tengshausen zu überfliegen, um Fotos anzufertigen.

Heide Padeken vom Landesamt für Geoinformation und Landesvermessung Niedersachsen überraschte insbesondere mit einem Originalhandriss und war viele Male sehr hilfreich beim Aufspüren von speziellem Kartenmaterial, wofür ihr ein ganz besonderer Dank gebührt.

Mehrfach konnte ich die Geschichtswerkstatt Wangerland in Hohenkirchen kontaktieren. Hier waren es in erster Linie die Herren Siggi Bleeck, aber auch Heino Harms, denen ich zu Dank verpflichtet bin.

Das zunehmende Interesse des Institutes für historische Küstenforschung in Wilhelmshaven, vertreten durch die Herren Dr. Stefan Krabath und Thorsten Becker, das schlussendlich zur Planung einer Grabung in Tengshausen führte, markiert einen gewissen Wendepunkt. Für mich war es sehr gewinnbringend, mich insbesondere immer wieder mit Herrn Becker austauschen zu dürfen, wofür ich ihm sehr dankbar bin.

Gleich kleinen Mosaiksteinchen sammelte ich viele weitere Einzelinformationen: So waren mir der Spezialist für alte Schriften, Dr. Matthias Bollmeyer, Landesbibliothek Oldenburg, und der Niederländer Dr. Thomas van de Winkel, Pastor Volker Landig, Diana Spiekhout vom Friesischen Museum in Leeuwarden, Horst Arians, Werner Menke und Johann Smid jeweils mit ihrem Spezialwissen sehr behilflich und ihnen allen danke ich sehr, dass sie für mich ansprechbar waren.

Sehr wertvolle Anregungen erhielt ich immer wieder von Prof. Dr. Gert Naundorf, der auch eine erste Korrektur gelesen hat und dem ich für seine intensive Betreuung ganz besonders danke.

Zu guter Letzt danke ich Pia Vogel, die alle Mosaiksteinchen zu einem, für den Leser erkennbares Gesamtbild zusammengefügt hat.

Jan Jürgens

Stammbaum – Garlic Diurens Verwandtschaft

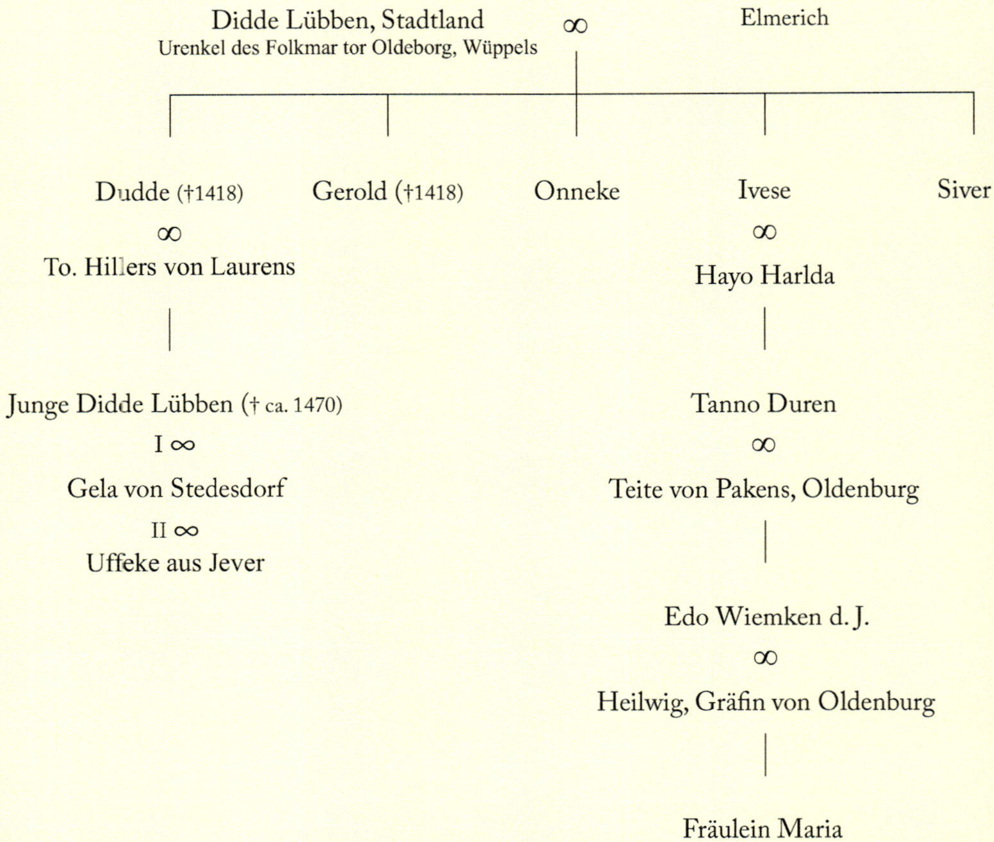

Quelle: Salomon, 2004, S. 119

Hayo Berntzen, Langwarden ∞ To. Duren, Aldessen

Dure Hayeson
Häuptling zu Langwarden

Bernd

—— ∞ ——

Hayo Dursen, Blutjadingen, Langwarden
∞
NN

Junge Dure
vertrieben aus Blutjadingen, Tengshausen
∞
Rixte aus Jever

Garlich Diuren = Gerold Dyren
erschossen vor Jever 1532
∞
Frouwa Manninga von Lütetsburg

Georg

Dure
genannt Dirik = Dyde von Duren
Drost in Wittmund und Greetsiel
(†1537)

Rixte von Diuren

Worterklärungen

A

Abba
Enkel vom Friesenkönig Radbod (679–719);

Apsis
halbrunder Kirchenraum zum Abschluss eines Kirchenschiffs;

Aldessen
Ortschaft in Butjadingen, damals dem heutigen Wilhelmshaven gegenüber gelegen, am Ostufer der Jade, nördlich der Ahnemündung *(s. a.Eiswürden)*;

1. Allerheiligenflut
am 1. November 1170;

Altgarmssiel
drei Kilometer westlich von Hohenkirchen gelegene Ortschaft mit ehemaligem Siel;

Andelgroden
ausdauerndes Salzgras bis zu $^1/_2$ Meter über dem MThw, als Hauptgrasbildner der Außengrodenwiesen, die mehrmals im Jahr vom salzigen Seewasser überspült werden;

Anthropoge
vom Menschen verursacht;

Antoni
Sturmflut am 17. Januar 1511, auch Eisflut genannt;

Arfgeseten
Erbgesessene Bauern, die auf einem ererbten, eigenen Hof wohnen;

Außengroden
im Gegensatz zum Binnengroden seeseits gelegene Wiesen und Weidenflächen, die mehrmals im Jahr vom Seewasser überspült werden;

Awaren
den Hunnen verwandtes Normannenvolk;

B

Balje
breiter, tiefer Wasserlauf im Watt mit Verbindung zur offenen See;

Blanker Hans
meint am häufigsten die vom Sturm aufgewühlte Nordsee. „Blank“ kommt aus dem

Niederländischen und bedeutet „unter Wasser stehend“. „Hans“ wird aufgrund seiner Häufigkeit zum Gattungsnamen (s. u. a. Prahlhans, Hans im Glück etc.);

Bassens
sehr hohe und sehr alte Dorf-Warf mit z. Z. vier bewohnten Höfen, wenige hundert Meter südlich von Tengshausen landeinwärts gelegen;

Bauern-, Siel- und Deichrichter
Vorsteher und Aufsichtsperson;

Berufsreiterstand
verlangt eine Reiterausbildung im Gegensatz zum Geburtsritterstand, der erblich ist;

Bobba
Sohn von Pippin von Heristal der Mittlere (um 635–714) und Bruder von Karl Martell (688–741);

Borkena
angeblich das spätere Borkum;

Brackwasser
Wasser mit mittlerem Salzgehalt von nicht < 0,5 Prozent (Süßwassergrenze) und weniger als 30 Prozent (Salzwassergrenze);

Buren
niederländisch für „Bauern“;

Butjadingen
„Jenseits der Jade“ – die friesische Halbinsel zwischen Jade und Weser;

C

Capitaneus
Häuptling oder Anführer;

Chauken
germanischer Volksstamm im 1.–3. Jhdt. n. Chr.zwischen Ems und Elbe;

Chronica Jeverensis
jeversche Chronik fortgeschrieben von unbekanntem Verfasser;

Chronikon Rastense
es könnte die Chronik von Rastede gemeint sein;

Clemensflut
Sturmflut am 23. November 1334;

Crildumer Bucht
am Ostufer des Wangerlandes, vor Einbuch der Harlinger Bucht, war die Crildumer Bucht verantwortlich für die Entwässerung des Wangerlandes und den Hafen in Jever;

D

Dattershausen
Liegenschaft östlich von dem Dorf Minsen am Hafen von Schillig;

Dendrochronologische Untersuchung
Datierungsmethode mit Hilfe von Jahresringen im Holz;

Dorf Minsen
nördlichster, ältester und küstennaher Siedlungspunkt im Wangaland;

Dorfhäuptling
Führer einer Dorfbevölkerung;

Dorfwarfen
erhöhter Wohnplatz für ein Dorf;
Anmerkung: Während die Dorfwarf weiblich ist, reden die Friesen umgangssprachlich von dem Warf, auf den man geht oder steht;

E

Edele
sind den nicht adeligen Eigenerben zu zurechnen;

Edelinge
sind den Eigenerben zu zurechnen;

Edelleute
sind dem Adel zu zurechnen, haben aber nicht mehr Rechte als die Eigen-erben und bilden daher zusammen denselben Stand;

e(h)rsam
Anrede für Häuptlinge und anfangs auch Hofelinge;

ehrenfeste
steht für hochachtbar, ehrbar;

Eigenbeerbte
gleichbedeutend mit arfgesetener oder erbgesessener Bauer mit eigenem Grund;

Eigener
Besitzer;

Eigenerben
bilden einen Stand mit den Edelen, Edelingen, Heerschappen und Hovelingen;

Eigenkirchenrecht
auf privatem Grund von Privatleuten erbaute Kirche;

Eigenerfde
werden den Eigenbeerbten zugerechnet;

Eisenzeit
1200–500 vor Christi Geburt;

Eisflut
am 17. Januar 1511, auch Antoniflut genannt;

Eiswürden
Burg des Nanke Duren, dem heutigen Wilhelmshaven gegenüber gelegen, am Ostufer der Jade, südlich der Ahnemündung *(s. Aldessen)*;

Ems
ein Fluss, der an Leer vorbei östlich von Emden in den Dollart mündet;

Entfesten einer Kirche
die Nutzung der Kirche als festes Haus oder Burgwird beendet;
Anmerkung: Zu diesem Zweck wurde die, die Kirche umgebende breite Graft zugeschüttet und die Mauer zum großen Teil niedergelegt.

Erbgesessen
gleichbedeutend mit eigenbeerbter oder arfgesetener Bauer mit eigenem Grund;

Ethelinge
allgemein vornehme, hochstehende Person, später auch Edelinge;

F

Fehde
Privatkrieg zur Wiederherstellung der verletzten Sippenehre;

Fething
spezielles Wasserspeicherbecken auf erhöhten Wohnplätzen;

Feudalismus
auf dem Lehensrecht aufbauende, aristokratisch geprägte Gesellschaftsform;

Flachsiedlungen
Wohnsiedlungen zu ebener Erde als Vorläufer der Dorfwarfen;

Flie
ein Fluss der heute das Ijsselmeer, also die westliche Grenze vom Kernfriesland ist;

Flut, unbenannt
am 17. November 1218;

Friedensgeld
Strafgeld an das Gemeinwesen zur Wiederherstellung des Sippen- und Volksfriedens;

Friesen
Bewohner von West-, Ost- und Nordfriesland;

Frilinge
Personen, die in keinem grundherrschaftlichen Verhältnis standen und die eine tiefe Kluft von den Edelingen trennte;

G

Geburtsritterstand
um diesen Stand anzugehören, musste man ab dem 16. Jhdt. ritterbürtig, also dafür erbberechtigt sein;

Genossenschaftspatronat
kennzeichnet das Verhältnis zur Kirche eines genossenschaftlich auftretenden eine Kirche stiftenden Kreises von Privatpersonen;

Geschworene
Angehörige eines Deichvorstandes, Vertreter eines Landes oder einer Stadt;

Grietmann
westfriesisch, in Ostfriesland dem Landrichter (heute Landrat) entsprechend;

Groden
See aufgeschwemmte, vornehmlich durch Beweidung landwirtschaftlich nutzbare Fläche;

Goldener Ring
im Verlauf des 13. Jhdt. waren alle Deiche miteinander verbunden: der goldene Ring war erschaffen;

Große Juliana Flut
die erste, am 16. Februar 1164;

Grote Mandränke
die zweite Marcellusflut, am 16. Januar 1362;

Gubernator
Statthalter, Landeshauptmann, Reichsverweser;

H

Häuptlingsherrschaft
nur wenge Häuptlingsfamilien ringen um die Vorherrchaft;

Häuslingsstelle
kleines Wohnhaus als Eigentum auch mit wenig zugehörigem Land;

Hanse
genossenschaftlicher Zusammenschluss von Kaufleuten;

Hausmann
erbgesessen, meist über mehrere Erbgänge Eigentümer eines Herdes;

Heer van
adeliger Ritter;

Heerfahrtsprivileg
in der 10. der siebzehn gemeinfriesischen Küren fest geschriebenes Sonderrecht, dass kein Friese auf einer Heerfahrt die Weser im Osten und den Fli im Westen überschreiten soll;

Her f. Ritter
Anrede für den nicht adeligen Ritter;

Herd
bäuerliche Betriebseinheit;
Anmerkung: Es wird streng unterschieden zwischen Eigentum am Herd und Eigentum am Land. Eigentum am Herd bedeutet für den Eigentümer, dass ihm ein freies Erbeigen gehört. In den seltensten Fällen ist er auch Eigentümer des ganzen Landes, denn durch das friesische Erbrecht bedingt, sind die Eigentumsanteile in der Regel geteilt.

Herrlichkeit
mit besonderen Rechten und einem Richteramt ausgestattete Liegenschaft;

Heerschappen
nicht adeliger Eigenerbe;

hochwohlgeboren
auch hoch-, wohl-, edelgeboren, eine Ehrbezeichnung für den Adel;

Hohenkirchen
Ortschaft zentral im Wangaland gelegen;

Hovelinge
sind als Eigentümer von Erbgütern mit besonderen Rechten schildbürtig und den Ethelingen, Edelungen, Edelen, Heerschappen und Arfgeseten gleichzusetzen;

Hovetling
Besitzer vieler Erbgüter mit Rechten und Herrlichkeiten;

Huldigungseid
ein Treueeid der Untertanen;

Hulk
abgetakeltes Segelschiff;

Huslotha
friesischer Königszins;

J

Jade
Gewässer, das ursprünglich Rüstringen und Butjadingen trennte und heute in den Jadbusen an dessen Südspitze als kleines Gewässer mündet;

K

Karl Martell
Fränkischer Führer (688–741), Sohn von Pippin von Heristal dem Mittleren, Bruder von Bobba, Großvater von Karl dem Großen, Vater von Pippin der Jüngere;

Karl der Große
König des karolingischen Reiches, ab 800 erster Kaiser (768–814), Sohn von Pippin dem Jüngeren, Enkel von Karl Martell;

Kaperfahrer
ursprünglich durch Kaperbrief zur Überwältigung anderer Schiffe staatlich ermächtigter Privatsegler;

Kirchwarfen
künstliche Aufschüttungen für anfangs heidnische Kultstätten, auf die mit Beginn der Christianisierung christliche Gotteshäuser gebaut wurden;

Klosterformat
im Verhältnis zu modernen Ziegelsteinen, ein stark variierendes Format der ersten Ziegelsteine mit ca. 30 x 15 x 10 cm;

Kolk
bei einem Deichbruch durch Wasserwirbel tief ausgespültes Wasserloch im gewachsenen Boden auf der Binnenseite des Deiches;

Konsulatsverwaltung
Verwaltung der bäuerlichen Landesgemeinden im 13. Jhdt. mit „consules“ als bevollmächtigte Repräsentanten;

Küren, friesische
sieben an der Zahl, beschreiben friesische Rechte zu Zeiten von Karl dem Großen;

L

Landeswarfen
Liegenschaft im Westen, am Ortsrand von Hohenkirchen gelegen;

Landrechtsgemeinde
verbindendes Landrecht wie zum Beispiel die 17 Küren;

Langwarden
nördlichste Siedlung in Butjadingen, vergleichsweise wie Minsen im Wangerland gelegen;

Lehnswesen
eine auf dem Lehnwesen beruhende Rechts- und Gesellschaftsordnung;

Letslachta
der unterste der drei friesischen Stände;

Lex Frisionum
Sammlung frühmittelalterlicher Rechtsvorschriften aus dem 8. Jhdt.;

Likedeeler
friesisch: Gleichteiler; Begriff für Vitalienbrüder, die Lebensmittel verschafften und verteilten;

Lucia Flut
brach am 14. Dezember 1287 ein;

M

Marcellusflut 1.
überflutete am Tag des Heiligen Marcellus, dem 16. Januar 1219 das Land;

Marcellusflut 2.
die zweite, auch große Mandränke genannt, am 16. Januar 1362;

Marke
bedeutet Hauszeichen;

Mandränke
die zweite, große Marcellusflut am 16. Januar 1362, bei der Tausende Menschen ertrinken;

Matt
1 Matt entspricht ungefähr 1/4 ha (2.500 qm);

Mittlere tägliche Hochwasser
ist bestimmend für die Küstenformation mit Ausnahme der Sturmflutkatastrophen; die

Meeresspiegelhöhe ist abhängig vom Klima und bestimmend für die Höhe der Wohnplätze;

Meier
Verwalter oder Pächter eines Bauernhofes;

Minsen
nördlichster Siedlungspunkt im Wangaland;

Mittelfriesen
das Ijsselmeer trennt im Westen die Mittelfriesen von den Westfriesen;

Mthw
mittleres Tidehochwasser, dessen Höhe bis zu Beginn des21. Jhdts. täglich im Hörfunk für Emden, Bremen undHamburg im Anschluss an die Nachrichten angesagt wurde;

MWP
Mittelalterliche Wärmeperiode 800 bis 1300 n.Chr.;

N

Namen
es finden sich immer wieder unterschiedliche Schreibweisenfür ein und denselben Familiennamen, auch vom Vater zum Sohn und Großvater;

O

Östringen
ist der Gau, der südlich an das Wangaland grenzt;

Ommelander
ist gleichbedetend mit den Umlanden der Stadt Groningen in den Landrecht Niederlanden;

Ostergo Gau
grenzt im Osten an den Westergo Gau;

ostlauisch
östlich des Flusses Lauwer mittig zwischen Groningen und Leeuwarden verlaufend;

Oxidation des Torfes
der im Torf gebundene Kohlenstoff oxidiert bei Trockenlegung durch die Verbindung mit Sauerstoff und führt zur Absackung des Torfes;

P

Pakens
Siedlungsplatz unmittelbar westlich von Hooksiel gelegen;

patronymischer Namenswechsel
bedeutet, den Namen für eine Person von dessen Vater abzuleiten;

Pest
eine mittelalterliche Epidemie (1346–1353), der „Schwarze Tod“ erreichte 1497 Jever;

Pleistozän
ein Zeitabschnitt der Erdgeschichte vor fast 2,6 Millionen Jahre; vor 2,5 Millionen Jahren vom Holozän, der Jetztzeit, abgelöst;

Pippin der Mittlere
auch „von Heristal“ genannt (679–714) Vater von Karl Martell (688–741), Großvater von Pippin dem Jüngeren;

Pippin der Jüngere
714–768, Sohn von Karl Martell und Vater von Karl dem Großen;

Polrichter
Verantwortlicher für eine eingedeichte, tiefer liegende Fläche; Pol = Polder (eingedeichte Fläche);

Pondemaat
friesische Maßeinheit, 1 Pondemaat = 0,4 ha;

Präbanden
mit kirchlichen Mitteln unterhaltene Einrichtung, wie beispielsweise ein Armenhaus;

R

Radbod
König der Friesen (679–719;

Reetdach
mit Schilfrohr gedecktes Hausdach;

Reiterdienst
eine Art Reiterstaffel mit gepanzerten Reitern;

Ridder
adeliger Ritter;

Ritter
und Edelleute, die dem Adel angehören;

Ritterbürtigkeit
auch ritterbürtig, meint die Erbberechtigung den Titel „Ritter“ zu führen;

Ritterschlag
feierliche Aufnahme in den Ritterstand;

Ritterstand
Angehörige des niederen Adels bildeten nach dem Mittelalter den Ritterstand;

Rüstringen
reicht von Süden her im Westen bis an Östringen und im Osten bis nach Butjadingen;

Runddeiche
sind die ersten frühen Deiche, die eine landwirtschaftlich genutzte Fläche vor dem Abschwemmen des Heus durch die Flut schützten;

S

Sackung des Torfes
eine Verflachung des Hochmoores infolge der Oxidation durch den Sauerstoff;

Sarkophag
großer, prunkvoller Sarg aus Stein;

schildbürtig
ein zu Schwert und Schild Geborener, dem Ritterstand zugerechnet;

Schöffenbarfreien
ererbte Berechtigung, als Laie zu Gericht zu sitzen, sie galten ritterbürtigund bildeten wohl einen eigenen Stand;

Scholaster
Leiter eine Pfarr-, Dom- oder Stiftsschule;

Sendkirche
eine Kirche, in der ein Sendgericht abgehalten wird;

Sendgericht
ist ein kirchliches Sittengericht zur Aburteilung kirchlicher Vergehen;

Siedlungsland
der Sturmflutspiegel bestimmt die Höhe des Siedlungslandes;

Sibetsburg
1383 von Edo Wiemken der Älteren erbaut – ist heute ein Stadtteil von Wilhelmshaven;

Sieltor
ausschließlich durch die Fluten gesteuerte Tore zur Entwässerung des Binnenlandes bei Niedrigwasser;

Sietland
niedriges Wiesen- oder Weideland;

Stavoren
Ortschaft an der Ostküste des Ijsselmeeres;

Strandrecht
regelt die Bergung von Strandgut bzw. Hilfe bei Strandung;

Sturmflutspiegel
bestimmt die Höhenlage der Siedlungen;

T

Tengshausen
am nördlichsten Punkt des Wangerlandes an einem ehemaligen Priel gelegen;

Tidehochwasser
mittleres (MThw), ist der höchste zu erwartende Wasserstand des Tages;

Thingpflichtiger
zur Teilnahme an den Versammlungen verpflichteten Grundeigentümer;

Tuffstein
poröser Stein vulkanischen Ursprungs;

U

Uferwälle
erhöhtes Land, durch Sediment-Ablagerungen entstanden;

umwehrtes Haus
wallartige Befestigung eines Hauses zur Verbesserung der Wehrhaftigkeit; untersee-geln mit einem (größeren) Segel auf der windzugewandten Seite (Luv) einemanderen Segelboot (in Lee) den Wind aus dem Segel nehmen;

V

Van
besonders bei niederländischen Personen eine Herkunfts- und keine Adelsbezeichnung;

Vasallenschicht
im Lehnswesen abhängige Schicht von Lehns- oder Gefolgsmännern;

Viehwarften
eigens für das Vieh angelegte Warfen, die niedriger als die Wohnwarfen lagen;

Vikarien
die Vertretung geistlicher Amtspersonen;

vir nobilis
vornehmer Mann, Edelherr, der edle Herr;

Vitalienbrüder
verstehen sich als Bruderschaft, die sich die erbeuteten Lebensmittel teilen;

W

Wangerland auch Wangaland
übersetzt Carl Woebcken in seinem Buch „Wanderfahrten durch das Friesland“, 1936, S. 148 mit „Platt Land“;

Warf
bezeichnet eine künstliche Bodenerhebung zum Schutz vor den Fluten. Warften und Wurten sind Synonyma und mehr im Nordfriesischen gebräuchlich;

Watt
die Landzone zwischen der Nordsee und dem Festland, die täglich zwei Mal überflutet wird;

Wehrhaftigkeit
entspricht unserem heutigen Begriff der Wehrfähigkeit;

Wehrkirchen
zum Zufluchtsort in Kriegszeiten ausgebaute und befestigte Kirche;

Wergeld
auch Blutgeld, Sühnegeld für einen Totschlag, um der Blutrache zu entgehen;

Weser
großer Fluss mündet östlich von Butjadingen in die Nordsee;

Westergo Gau
bildet das Ufer zum Ijsselmeer und grenzt im Osten an den Ostergau;

Wiarden
ein Dorf im Süden von Minsen benachbart;

Wurten
nordfriesisch für Warfen oder Warften;

Z

Ziallerns
westlich von Hohenkirchen zwischen Tettens und Altgarmssiel gelegen;

Literaturverzeichnis

Alvensleben, Udo v., Die Lütetsburger Chronik, Ruhfus Graphische Betriebe, Dortmund, 1955

Bärenfänger, Rolf, Archäologische Zeugnisse von den Arbeits- und Lebensverhältnissen im mittelalterlichen Ostfriesland, erschienen in Lengen, Hajo v., Die Friesische Freiheit des Mittelalters – Leben und Legenden, Ostfriesische Landschaft, Aurich, 2003

Behre, Karl-Ernst, Die Entstehung und Entwicklung der Natur- und Kulturlandschaft der ostfriesischen Halbinsel in Ostfriesland, Geschichte und Gestalt einer Kulturlandschaft, erschienen in Lengen, Hajo v., Ostfriesische Landschaft, Aurich, 1996

Behre, Karl-Ernst, Die Veränderungen der niedersächsischen Küstenlinien in den letzten 3.000 Jahren und ihre Ursachen, Probleme der Küstenforschung im südlichen Nordseegebiet, Band 1, Oldenburg, 1999

Behre, Karl-Ernst: Die Geschichte der Landschaft um den Jadebusen, Brune-Mettcker, Wilhelmshaven, 2012

Behre, Karl-Ernst, Ostfriesland, vom Dollart bis zur Jade, 2. erweiterte Auflage, Ostfriesische Landschaft, Aurich 2023

Bracker, Jörgen, Die wahre Geschichte um Störtebeker, Verlag Redieck & Schade GmbH, Rostock, 2020

Braunsdorf, Magister, „Gesammelte Nachrichten“, Beilage zu Jeverschen Wochenblatt Nr. 46, Mettcker u. Söhne, 23. Februar 1896

Brockhaus, KonversationsLexikon, Bd. 7, Leipzig, 1902

Brockhaus, KonversationsLexikon, Bd. 14, Leipzig, 1902

Brockhaus, KonversationsLexikon, Bd. X, Leipzig, 1902

Brockhaus, KonversationsLexikon Bd. XV, Leipzig, 1903

Chylek, Petr/ James Klett/Glen Lesins/Manvendra Dubey/Nicolas Hengartner, The Atlantic Multidecadal Oscillation as a dominant factor of oceanic influence on climate, Geophysical Research Letters, Band 5, 1689-1697

Drüll, Dagmar, Heidelberger Gelehrtenlexikon 1386–1651, Springer Wiesbaden, 1932

Ehbrecht, Wilfried, Gemeinschaft, Land und Bund im Friesland des 12. und 14. Jahrhunderts in Die Friesische Freiheit des Mittelalters, Hajo van Lengen, Aurich, 2003

Fiks, Norbert, Die Römer in Ostfriesland, Literarische und archäologische Spuren aus der Zeit der Varusschlacht, Books on Demand, 2015, VIII., Pos. 323-344, 417-460, IX, Pos. 468, XIII. Pos. 710

Friedländer, Ernst Dr./Günther Möhlmann Urkundenbuch Ostfrieslands, Nr. 1086, 1533 am 28. März 1497, Nr. 1442, 1533, 1530 am 25. März 1497, 1535 am 28. April 1497

Gramberg, Ernst, Das Jeverland unter dem Drosten Boynck von Oldersum in den Jahren 1527–1540, Landesbibliothek Oldenburg, Marburg a. L., 1898

Hashagen, Ingo, Vitalienbrüder in der Nordsee (1395–1402), Historienkalender auf das Jahr 1989, Brune-Mettcker, 1989

Heckmann, Erich, Entstehung und Entwicklung der Herrschaft Jever, Leuchtfeuer, Jahrgang 30, 1983

Historische Notizen, Neuer Historienkalender (1842)

Homeier, Hans/Jannes Ohling (Hrsg.) Der Gestaltwandel der ostfriesischen Küste im Laufe der Jahrhunderte. Ein Jahrtausend ostfriesischer Deichgeschichte, in Ostfriesland im Schutze des Deiches 2, Leer, 1969a

Jürgens, Adele, Hohenkirchen, Mettcker u. Söhne, Jever, 1892

Jürgens, Georg Ado Bette, Brief vom 14. Dezember 1910 an seinen Sohn Karl

Jürgens, Georg Johann, Lebenserinnerungen I., Selbstverlag, 1954

Knol, Egge, Die friesischen Seelande, erschienen in Hajo v. Lengen, Ostfriesische Landschaft, Aurich, 2003

Kollmann, Paul, Statistische Beschreibung der Gemeinden des Herzogstums Oldenburg, 1897

Kowalewsky, Christfried, Geschichtswerkstatt Hohenkirchen, 2005

Krabath, Stefan, Thorsten Becker/Kirsten Hüser/Sonja König, Gesellschaftlicher Wandel während des Mittelalters im Küstenraum zwischen Weser und Ems – archäologische, siedlungsgeografische und kunsthistorische Aspekte der Elitenbildung, Siedlungs- und Küstenforschung im südlichen Nordseegebiet (SKN), Band 45, Rahden/Westfalen, 2022

Lengen, Hajo van, Die Friesische Freiheit des Mittelalters, Ostfriesische Landschaft, Aurich, 2003

Lengen, Hajo van, Bauernfreiheit und Häuptlingsherrlichkeit in Ostfriesland, Ostfriesische Landschaft, Aurich, 1996

MacDonald, G. M., Case, R. A., Variations in the Pacific Decadal Oscillation over the past millennium, erschienen in Geophysical Research Letters 32, 2005

Maalouf, Amin, Der Heilige Krieg der Barbaren, Deutscher Taschenbuch Verlag, München, 3. Auflage 2004

Mantua, Nathan J./Steven R. Hare/Yuan Zhang/John M. Wallace/Robert C. Francis, A Pacific Interdecadal Climate Oscillation with Impacts on Salmon Production, erschienen in Bulletin of the American Meteorological Society, Bulletin 78, Band 6, 1997

Marschalleck, Karl-Heinz, Vorgeschichtliche Landesaufnahme Oldenburg, Das Gebiet der Gemeinde Minsen, Kreis Friesland, Arbeitspapier, 1958

Mol, Johannes, Friesische Freiheit in Kirchspiel und Kloster, erschienen in Lengen, Hajo v., Die Friesische Freiheit, Aurich, 2003

Mommsen, Theodor, Das Weltreich der Caesaren, Phaidon Verlag, Wien, Leipzig, 1933

Moschen, R., Kühl, N., Peters, S., Vos, H., Lücke, A., Temperature variability at Dürres Maar, Germany during the Migration Period and at High Medieval Times, inferred from stable carbon isotopes of Sphagnum cellulose, Clim. Past 7, 2011

Petri, Wolfgang, Fräulein Maria von Jever, in Abhandlungen und Vorträge zur Geschichte Ostfrieslands, Band 73, Ostfriesische Landschaft, Aurich, 1994

Puhle, Matthias, Die Vitalienbrüder, Campus Verlag, Frankfurt/New York, 1992

Preißler, Gerda, Ecclesia matricularis de wenga, im Selbstverlag, 1994

Reimers, Heinrich, Ostfriesland bis zum Aussterben seines Fürstenhauses, Friesenverlag, Bremen, 1925

Reimers, Jacobus, Das Adlerwappen bei den Friesen, Gerhard Stalling, Oldenburg, 1914

Riemann, F.W, Spring- und Sturmfluten an der Nordsee, Jeversches Wochenblatt(?),

Rüthning, Gustav, Urkundenbuch Oldenburg von Jever und Kniphausen, Oldenburger Landesverein für Altertumskunde und Landesgeschichte, Nr. 268,1060, 1061, 1062, 1065, 1068, 1073, Stalling, Oldenburg, 1932

Runge, Wolfgang, Die Sendkirche zu Hohenkirchen im Wangerland, Isensee Verlag, Oldenburg, 1981

Saebens, Hans/Christel Matthias Schröder, Die Kirchen des Jeverlandes, Mettcker & Söhne, 1956

Salomon, Almuth, Führungsschichten im Jeverland, Oldenburger Forschungen, Neue Folge Bd. 19, Isensee Verlag Oldenburg, 2004

Salomon, Almuth, Tengshausen und seine Besitzer, Historienkalender, Brune-Mettcker Verlag, Jever, 2007

Sander, Antje, Kirchenbau als gemeinschaftliches Projekt in Hajo Lengen Die Friesische Freiheit des Mittelalters, Ostfriesische Landschaft, Aurich, 2003

Scafetta, N, Discussion on climate oscillations: CMIP5 general circulation models versus a semi-empirical harmonic model based on astronomical cycles, Earth-Science Reviews 126, 2013

Schmidt, H., Politische Geschichte Ostfrieslands, Jannes Ohling, Verlag Gerhard Rautenberg, Leer, 1975

Schönbohm, Enno, Ein Fehdebrief an Fräulein Maria und Boing von Oldersum, Historienkalender, Brune-Mettcker Verlag, 2017

Streif, Hansjörg, Das ostfriesische Küstengebiet in Sammlung Geologischer Führer, 57, Berlin, Stuttgart, 1990

Tung, K.-K., Zhou, J., Using data to attribute episodes of warming and cooling in instrumental records, Proceedings of the National Academy of Sciences 110 (6), 2013

Volborth, Alexander von, Heraldik, Belser Verlag Stuttgart, 1992

Woebcken, Carl, Wanderfahrten durch Friesland, Friesen-Verlag Ad. Heine, Wilhelmshaven, 1919

Woebcken, Carl, Minsen, Jeversches Wochenblatt, Brune u. Mettcker, 24.9. u. 2.10.1937

Woebcken, Carl, Jeverland, Gewesenes und Gebliebenes, Minsen, Brune u. Mettcker, 1961

Woebcken, Carl, Tengshausen, Historienkalender, Brune-Mettcker Verlagsgesellschaft, Jever, 1954

Wu, Z., Huang, N. E., Wallace, J. M., Smoliak, B. V., Chen, X., On the time-varying trend in global-mean surface temperature, Climate Dynamics 37 (3-4), 2011

Zhou, J., Tung, K.-K., Deducing Multi-decadal Anthropogenic Global Warming Trends Using Multiple Regression Analysis, Journal of the Atmospheric Sciences 70, 2013

Abbildungsnachweis

Titelbild, S. 122-123: Landesamt für Geoinformation u. Landvermessung Niedersachsen © Originalhandriss ca. 1842

Vor- und Nachsatz, S. 98-99: Bernhard Ohmstede 1797, Ausschnitt StAO Best. 298Z Nr. 9, Staatsarchiv Oldenburg Best. 298 Z Nr. 9

S. 8,1 0, 23, 30-31, 67, 68-69, 71, 75, 81, 83, 101, 103, 104, 115, 117,118, 130: Jan Jürgens

S. 13, 17, 42, 43: aus Karl Ernst Beher, Die Geschichte der Landschaft um den Jadebusen, 2012; S. 12

S. 24: neu zusammengestellte Grafik unter Verwendung von Motiven aus Vahrenholt und Lüning 2021, S. 91; Behre, Karl-Ernst: Die Geschichte der Landschaft um den Jadebusen, S. 28

S. 33: © Adobe Stock

S. 35: © Fuldaer Sakramentar (Anfang 11. Jhdt.), Staatsbibliothek Bamberg, Msc.Lit.1, fol. 126v

S. 37, 57, 111: © Alamy

S. 39: © iStock

S. 39: aus Heinrich Schmidt, Politische Geschichte Ostfrieslands 1973, S. 14

S. 50: © nach Johann Agricola 1562 (Wikipedia)

S. 55: aus Albert Martin (1827-1900), W. Eekhoff, Friesche oudheden, Leeuwarden: Kuipers 1875,(Wikipedia)

S. 64: © Ostfriesisches Landesmuseum Emden. Foto: Gwendolin Schwarz

S. 81: aus Almuth Salomon, Führungsschichten im Jeverland, Oldenburger Forschungen, Neue Folge Bd.19, 2004, S. 45

S. 82: Bischof Ansgar. Gemälde (1823), in der Evangelischen Hauptkirche Sankt Trinitatis in Altona, (Wikipedia)

S. 91: Ulamm, (Wikipedia)

S. 96: Landesamt für Geoinformation und Landesvermessung Niedersachsen

S. 98–99: Niedersächsisches Landesarchiv Abteilung Oldenburg OL K-ZE Best. 298 Z Nr. 569

S. 137: Karte I; entnommen aus Reimers, Heinrich, Ostfriesland; Ostfriesland bis zum Aussterben